リピーター・客単価UP

絶対に
売上を伸ばす人の
販売のワザ

THE SALES TECHNIPUES OF
PEOPLE WHO INCREASE SALES

内藤加奈子
KANAKO NAITO

明日香出版社

はじめに

お店の売上が伸び悩んでいるときは、まるで出口のない迷路の中にいるようで、先が見えなくて、本当に苦しいと思います。

「もっと売れるはずなのに！」

「そのために、こんなに苦心しているのに！」

なぜ、そんなに苦しいのか。それはあなたが、

「自分の可能性を、感じているから」

「自分の可能性を、信じているから」

だと思うのです。

本書は、そんな「自分の可能性を信じている人」が、売上を伸ばすための「きっかけ」を手に入れるために存在します。

もっと言ってしまえば、その「きっかけ」のためだけに。

しかしわたしは、「その『きっかけ』にしかならないけど、きっかけとして上質なもの

を届けたい」と思い、必死に、魂こめて、書かせていただきました。

本書から売上を伸ばすアイデアを見つけて、まずは試しに実践してみる。そして結果を見てみる。その結果をもとに、さらにアレンジして、実践してみる。その繰り返しをあきらめないかぎり、売上は改善し、伸びていきます。

この先ページをめくっていくと、もしかしたら「それは知っているよ」ということが多く含まれているかもしれません。もし「知っている」ものがあったら、考えてみてください。「知っているけど、やってみたかどうか。やり尽くしたかどうか」

よく言われることですが、知っているのと、できているのとは違います。「知識」と「知恵」の違いです。単に知るだけなら、ネットや本を読めば十分です。

しかし、自分のワザとして、いつでも何度でも繰り出せる再現性の高い知恵として身につけるには、「やってみる」「やり続ける」しかないのです。

中には、「それは私のお店には当てはまらないよ」というものも、見つかるかもしれません。しかし、「当てはまらない」と思ったら、その当てはまらないアイデアを「どう変換したら、自分のお店に活用できるか」、考えてみてください。

その「変換力」が身につけば、本やネットの情報は、一切不要になります。なぜなら、自分の店や自分のお客様に直接関係しないこと、日常生活からでも、自分に役立つアイデアを見つけることができるからです。

実際に私はそうやってアイデアを集めて実行し、12年間で２８００店舗のクライアントさんの売上を伸ばしてきました。

ここにあるのは、最高昨年対比２４０パーセント、という現実をたたき出したアイデアの数々です。これを、あなたのような「自分の可能性を信じている人」が手にすれば、現状を打破することは、もう目に見えています。

いつか、あなたが本書に書いてあるアイデアをやり尽くし、「もう、この本はいらないな」と言って、後輩の方にでもお渡しくださるとうれしいです。

内藤　加奈子

◎目次――絶対に売上を伸ばす人の接客のワザ

第2章

あいさつ・声かけ編

第3章

商品説明・接客編

第4章

クロージング編

第5章

リピーター獲得編

第6章

陳列・演出編

第7章 日々の心得編

◎イラスト
パント大吉

◎カバーデザイン
萩原 弦一郎（デジカル）
橋本 雪（デジカル）

第1章

観察編

Tips

01

まだお店の外にいるお客様を観察する

「売れる人と、そうでない人の違いはどこにあるのか？」と聞かれたとき、まずお話しするのが「観察力」についてです。

接客と言うと、どうしても会話に入ってからのことを中心に考えてしまいます。しかし、接客に入る前にどれくらいお客様を観察できているかが、そのお客様との関係、ひいては売上に大きく影響します。

まだ入店していない外を歩いているお客様を、いかに細やかに見ているかが勝負です。

お客様のどこを観察するかというと「外見」です。**お客様の服装や持ち物などの「外見」的要素から、どんな趣向を持っているのかを探り、自分の店のどんな商品に興味を持ってもらえそうか「あたり」をつける**のです。

もしお客様が店内に入ってこられたら、店内の立ち止まった場所と、先に観察しておいた「外見」からの情報をかけ合わせて、どのような商品に興味がありそうかを分析し、そのあとの接客に役立てるのです。

▶ 01 お客様のかっこうから買ってくれそうなものを考える

キャラクターものを持っているから、カワイイ系のものや、カラフルなものが好みなのかな？

全身「黒」だから、シックなものが好みかな？

赤ちゃん連れだから、動きやすい商品がいいのかな？

「あの店」（他店）を見ているっていうことは、自分の店ではコレが好みなんじゃないかな？

Tips 02 接客する前に、お客様の「外見」を観察する

あなたも、休日などにお客様の立場で接客を受けていて、感じることがないでしょうか。

「あれ？　その接客トーク、誰にでも同じこと言ってない？」って。

お客様は、自分のためだけの特別なオートクチュールの接客なのか、誰にでもやっている「コピペ」の接客なのか、なんとなく肌で感じているものです。

前項で述べた「お客様を観察することが大事」というのは、何も商品を提案するためだけにやるのではありません。あいさつをする際にも役立つのです。

例えば、お客様が重たそうなお荷物を持っていたら、手を添えるようなアクションで「いらっしゃいませ」と言うのです。そうすることで、重たそうなことを気にかけていることが伝わりやすくなります。

お客様の心に刺さらない「コピペ」接客をするくらいなら、何も言わないほうがマシ。

せっかく言葉を発し、アクションをするのなら、**そのお客様のためだけの特別なパフォーマンスをしましょう**。そのためには、お客様の「外見」の観察がとても重要です。

▶ 02 お客様に合わせたあいさつをする

雨の日に傘をお持ちのお客様

タオルを片手に「いらっしゃいませ」とごあいさつ！
ハンドタオルをお渡しし、上着や手を拭いてもらう。同時に傘をお預かりし、傘立てやビニールカバーに入れる。

↓

雨の日のご来店への感謝が伝わる。

寒い日できっちり防寒されているお客様

手をこすり合わせて、寒いようなアクションをしながら「いらっしゃいませ」とごあいさつ！

↓

寒い中のご来店に感謝する気持ちが伝わる。

Tips
03
接客する前に、お客様の「動き」を観察する

前項では「外見」を観察することについてお話ししました。これは、まだお店の中に入ってこられていない、もしくはまだあなたから遠く離れたお客様に対してできる観察です。そのお客様が、あなたのお店に入ってこられて、近くにいらっしゃったら、次は「動き」を観察します。

観察するのは、スバリ2つ。「目」と「手」の動きです。

まずは「目」。お客様の目がどこを見ているかを観察します。「意図してディスプレイした商品を見ているか」、**「どんな商品をどのくらい見ているか」**、などを観察します。

その目の動きから、お客様がまだ「欲しい」にまでは至っていないけれど、「アリだな」と感じてくださっていそうな商品に予測をつけます。

そして「手」の動き。「目」で見て、**よほど興味がある場合、「手」に取って詳しく見てくださいます。**

手に取った商品の共通点から、お客様がどんな商品に具体的に興味がありそうかを探るのです。

▶ 03 この動きを見逃さない

用途　色　大きさ　など

同じ要素を持つものを2回以上見たり、手に取ったりしたら、その「要素」を持つ商品が気になっている可能性は㊅。

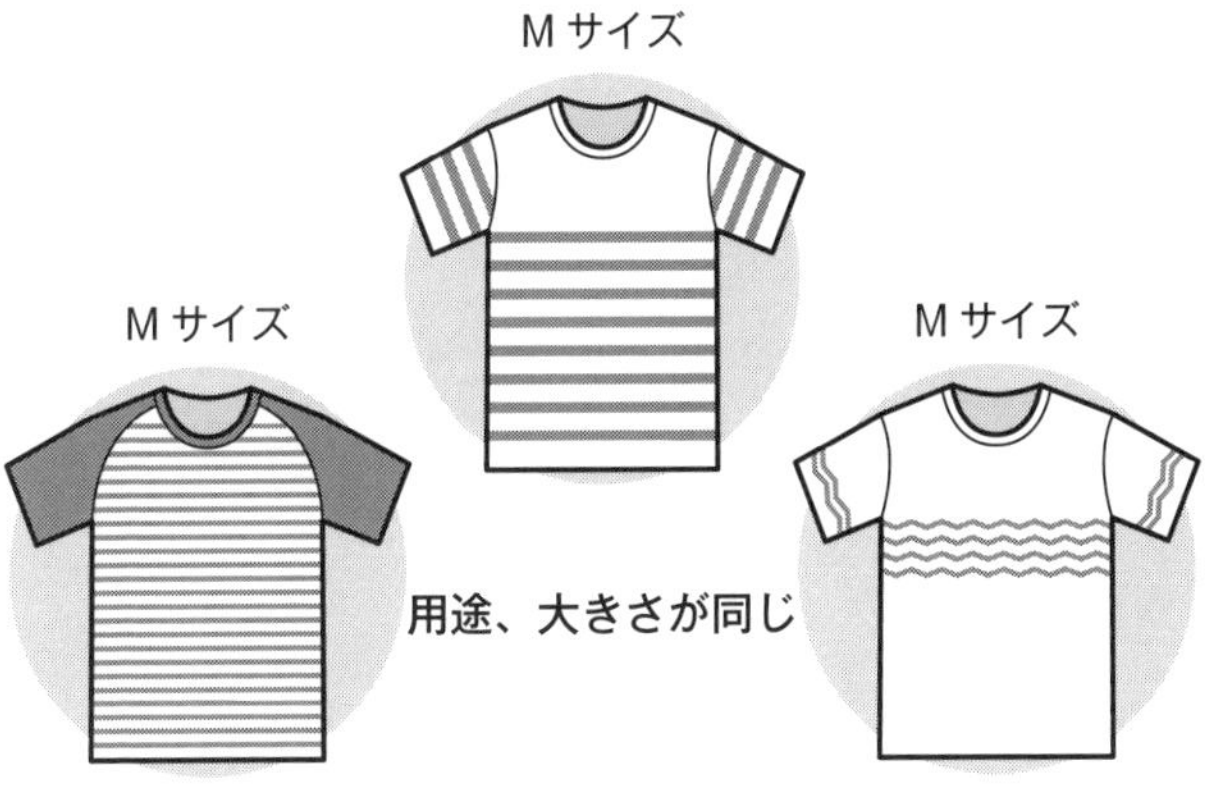

同じ要素が複数含まれていたら、
さらに確率UP。

Tips 04

お客様を観察するときのポイント

この章では「観察が大事！」ということをいろんな角度からお話ししていますが、観察にはとても大事なポイントがあります。それは、「観察の仕方」です。

ちょっと想像してみてください。あなたがお休みの日などに、お客様の立場で買い物をしているとしましょう。そのとき、お店のスタッフに、自分の服装や動きをジロジロ見られていたら、落ち着かなくてお店を出たくならないでしょうか。

せっかくならば、お店の中に1秒でも長く滞在してもらい、1点でも多くの商品と出会って、もし縁があれば連れて帰っていただきたいものです。ですから、お客様に居心地良く、ゆっくりとお店の中を見ていただくために**「見ないように、見る」**というのがポイントとなります。

真正面から一人のお客様を見るというより、**何人かのお客様を同時に観察する**ような感覚です。

お客様がわたしたちを必要としたときにはサッと出ていき、それ以外のときは気配を消すというのも、ゆっくりご覧いただくための配慮のひとつです。

▶ 04 お客様が一人の場合の立ち位置

お店の中にお客様が一人しかいないときは、体をお客様とは別の方向に向け、手元の商品を見ながら、遠くに目をやるついでに見る、といったような素振りをする。

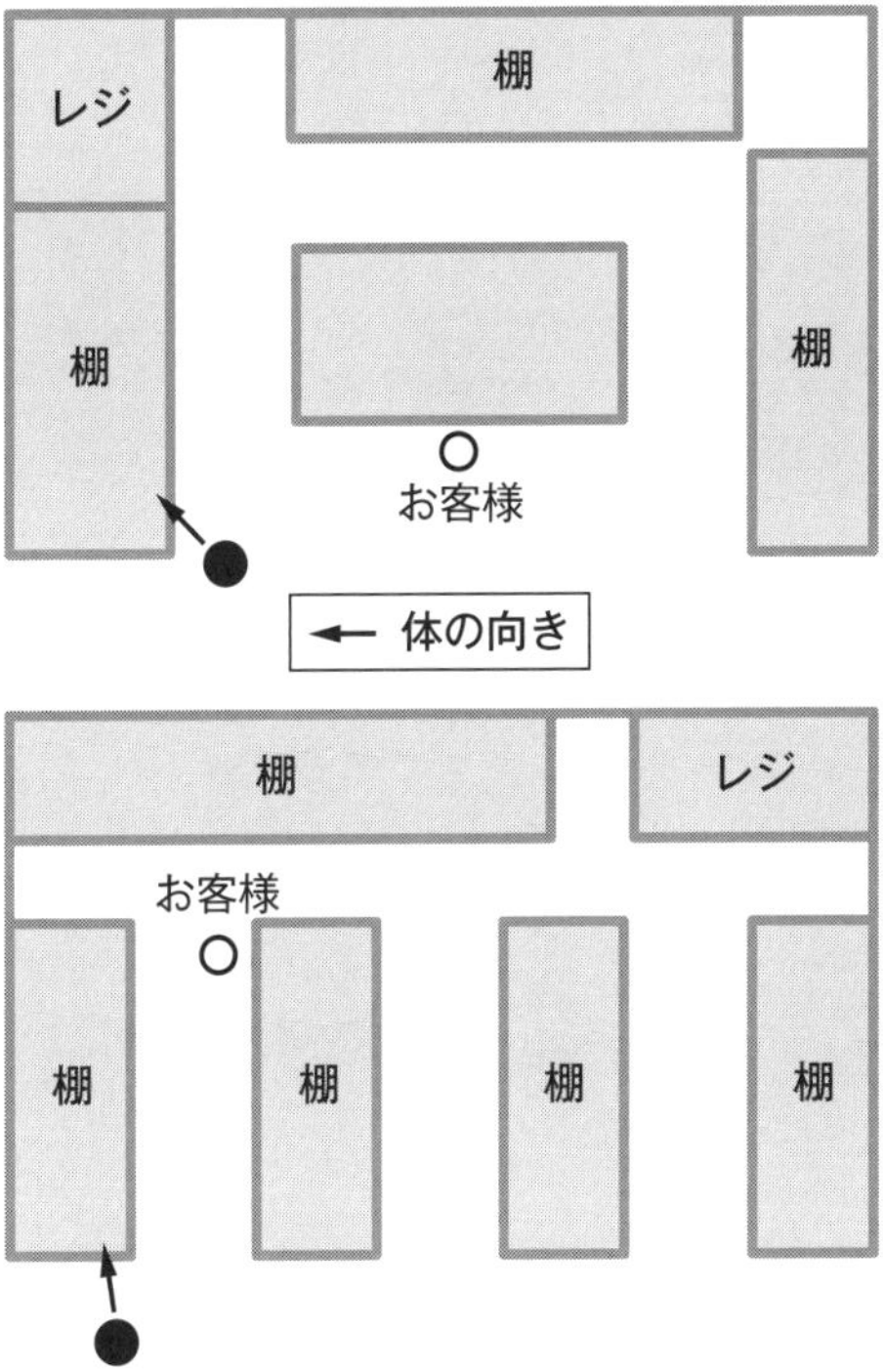

店内奥へ「追い込み漁」のように、追い込んでいくためには、お客様よりも入店口側に立つ（スタッフから逃げるように動くので）。
また、レジにもスタッフの気配があるので、とくに上の図では左側にいることが有効。

Tips
05
プライベートでも人を観察する

売れるスタッフには、「仕事の時間以外も、仕事を忘れていない」という共通点があります。お客様という「人」を扱う仕事ですから、常に「人」に気を配り、「人」の動きを感知し、「人」の目に映る自分を意識し、さらに「人」の心の動きを察しているのです。

例えば、カフェでお茶をしている男女を見て、男性の目の動きや、女性の体の向きから、二人の距離や関係性を推測してみたり、電車の中で上司と部下らしき二人の会話を聞いて、この二人にはどの程度の信頼関係があるのか推測してみたりします。つまり、自分が見たものや、聞いたものから、そのバランスを計ってみるのです。

さらに対象者がもし自分のお客様だったら、どんな接客をするか、そしてお客様がどんな反応をするかを、なんとなく頭の中でシミュレーションしてみるのです。

世の中にはいろんな人がいますし、お客様にもいろんな人がいます。**たくさんの人にアンテナを張って関心を持ち続けることは、自分の感受性を豊かにしてくれます。**それが接客の「温度」に、お客様との「関係の深さ」に、そして「売上」に反映するのです。

▶ 05 日常生活の中から接客のセンスを磨く

お菓子を買うときなどに、他のお客様が、何の用途で、誰に渡し、何人で食べてもらうことを想定して選んでいるか（買っているか）を観察する。

自宅用・自分用と、他人用・ギフト用では、選び方・金額など「買い方」がどう違うかを観察する。

友人同士のような二人組の会話を観察する。よくしゃべる人と聞き役の人が、それぞれ一人で来店したら、どんな接客をすればいいかを考えてみる。
よくしゃべる人には、とりあえず話を聞くことに徹する。
聞き役の人には、こちらがよくしゃべるようにする。
また、二人のタイプの外見（服、持ちもの、メイク）からそれぞれの特徴を分析したりもする。

Tips
06

お客としての自分の購買行動を観察する

「お客様目線で接客をしよう！」というのは、ごくあたりまえのことで、日々心がけていることだと思います。ですが、接客しても売れないときなどは、「どうしたら売れるか」という「売り手目線」に偏ってしまいがちです。

そこで、休みの日などに自分が買い物をするときは、「お客様目線の接客」を意識してみましょう。

「つい、手に取ってしまった」なんてときは、ものすごい学びが含まれています。その「つい」がどうして起こったのか、あらためて**陳列を見てみる**のです。すると「だから手に取ってしまったんだ！」という理由が見つかります。

もちろん、接客でも同じです。**「つい、買う気になってしまった」**で買ってしまったときにも、接客のヒントがいっぱい詰まっています。**自分がどんなキーワードに反応したのか、どんな言い回しに心動かされたのか、**それは、直接的に自分の接客に役立ちます。

本当に「お客様目線」に立ちたいなら、お客として体感するのが一番です。自分の購買行動が、自分の仕事に対するヒントを教えてくれます。

▶ 06 お客様目線で考える

売り手ではなく、買い手の立場から接客を考えてみる

⬇

販売・接客のヒントを他店から得る。

第2章

あいさつ・声かけ 編

Tips
07
メッセージを込めてあいさつする

接客業なら、お店にお客様がいらっしゃれば、「いらっしゃいませ」や「こんにちは」などと、あたりまえのように声に出してあいさつをしていると思います。

ですが、この「あたりまえ」が「慣れ」につながっていませんか?

何の意味も込めず、ただ機械的にあいさつしている人を見かけると、わたしは「もったいないなぁ」と感じてしまいます。なぜなら**「いらっしゃいませ」のひと言で、さまざまな意味を込めたメッセージをお客様にお伝えすることができる**からです。

例えば、お客様の目を見て笑顔で会釈するだけでも、「お客様がいらっしゃったことは気がついておりますので、必要なときにはすぐに参ります」という意味を込められます。

お子様連れであれば、お母様やお父様と共にお子様にも向かってあいさつすれば、「お子様をお連れのことも承知しておりますので、必要に応じてお相手いたします」という意味合いを込められます。

まるでロボットが言っているような「いらっしゃいませ」はやめましょう。

▶ 07 さまざまな「いらっしゃいませ」のパターン

ペット連れのお客様

ペット連れであれば、ペットを見て「いらっしゃいませー♡」を「カワイイー」という声色（トーン）で言う。

ペットのいるライフスタイルに好意を示し、「ペット同伴も歓迎ですよ」というメッセージを発信する。

複数で来店されたお客様

お客様が友達同士だったら、それぞれを見て、それぞれに頭を下げる。

「お連れ様がいらっしゃることは承知しましたので、どなたかの接客についたときには、お連れ様にも配慮します」というメッセージを発信する。

Tips
08
時間に応じたあいさつをする

今や、わざわざ家から出なくても買えないものはないというくらい、ネットでは何でも売られています。そして、購入したものは、翌日には自宅に届いてしまいます。

そんな便利な買い方があるにもかかわらず、何件もあるお店の中から、わたしたちのお店を選んで入店してくださっているのが、今、お店にいらっしゃるお客様です。さらに言えば、あなたが休憩中や接客中でもなくて、お迎えできるときにご入店くださったのですから、本当に特別な出会いなのです。

それなのに、ワンパターンなトーンの「いらっしゃいませー」を言っているようでは、もったいない。せっかくなら、特別な出会いに、さらに特別感を添えましょう。そのためには、「時間」に応じたあいさつをするのです。

朝であれば**「お早い時間からありがとうございます」**となりますし、お昼どきであればお仕事の合間と察して「（チェーン店の場合）**お急ぎでしたら近所からでも何でもご入り用のものをお探しいたしますので」**となります。夕方や夜であれば**「本日も一日お疲れ様でございます。ごゆっくりどうぞ」**などと、違うフレーズを使うことができるのです。

▶ 08 朝・昼・夜でフレーズを変える

10：00～11：00

まだ朝は冷えますね。ごゆっくりどうぞ。

10：00～16：00

この時間はすいているので、どうぞごゆったりご覧になってってください。

18：00～close

もう外は暗いですか？

Tips
09
天気に応じたあいさつをする

ネットショップではなく、他店でもなく、わざわざわたしたちのお店にご来店いただいたお客様には、こちらの思いを込めた「温度」のあるあいさつをし、心の通う関係をつくり、安心できるやりとりを実現したいものです。そして叶うならば、他の店舗にない特別な感覚を抱いていただき、贔屓《ひいき》にしていただきたいものです。

そこで「天気」をひとつのスパイスとして、あいさつに利用してみましょう。

例えば、雨の日であれば、**「雨の中ありがとうございます」**などとあいさつをし、ハンドタオルを差し出せば、わざわざ濡れながら足をお運びくださったことへの感謝が伝わります。

夏の暑い日ならば、**「お暑い中ありがとうございます」**と、冷たく冷やしたおしぼりや、ペットボトルのお水など、できる範囲でサービスをすれば、感謝の気持ちが伝わります。

他店で聞かないひと言、受けたことがないサービスをいかに発明し、それを実践できるか。その試みが、お客様との距離を縮めてくれるのです。

▶ 09 気温や気候であいさつを変える

暑い日

・お暑い中ありがとうございます。
・もうたまりませんね。涼んでいらしてください。
・溶けそうな暑さですね

寒い日

・寒い中ありがとうございます。
・ごゆっくり暖まっていってください。

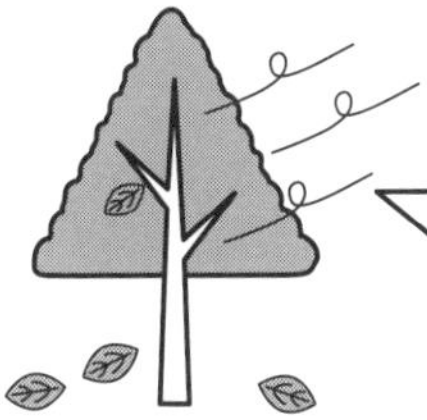

風が強い日

・こんな日にご来店いただき、ありがとうございます。
・頭ごと飛んでいきそうですね。

雨の日

・雨の中ありがとうございます。
・雨やどりしていってください。

Tips

10 目線だけであいさつをする

お客様へのあいさつと言うと、入店されたときの「いらっしゃいませ」と、お見送りのときの「ありがとうございました」の2つだけだと思われがちです。しかし、実はこの2つよりも、もっとパワーのあるあいさつ方法があります。

それは**「お客様とすれ違うとき、目線だけであいさつする」**という方法です。正確に言うと、多少、体の動きも使います。

お店の中の通路は、わたしたちが歩くためのものではなく、お客様が歩くためだけのものです。その通路を拝借して、サービスをさせていただいているのです。ですからお客様がいらっしゃったら、できるだけ体を端に寄せ、通路を広く空けます。そしてその前をお客様がお通りになるときは、**あえて言葉を発せず、暖かい目線と軽い会釈で「どうぞごゆっくりおすごしくださいませ」というメッセージをお伝えする**のです。

売れているお店では、いちいち音声に頼らず、アクションと目線をフル稼働して、「あなたを大切に扱います」というメッセージを伝えています。

▶ 10 目線であいさつのコツ

笑顔で。
近くにこられたら
頭を下げる。

お客様よりも
頭が低くなるよう
ひざを曲げる。

手は前で合わせると
かしこまりすぎる。
できるだけ体を薄くして
通路を広くあけるために
体の脇に。

Tips
11
お客様の「持ち物」に応じた声かけをする

「いらっしゃいませ」などの最初のあいさつに続いて、もう一歩、お客様との距離を縮めるために、そのお客様だけに向かってするのが「声かけ」です。

完全セルフ販売のお店でないかぎり、どんなお店でも「声かけ」は必須となります。やはりここでも、お客様との距離を縮め、わたしたちの「温度」を感じていただけるように心がけたいものです。

そこでまずおすすめしたいのが、お客様の「お持ち物」についての声かけです。

大きなお荷物や、他店でのお買い物袋をお持ちのお客様は、わりと多くいらっしゃいます。そんなとき、「お預かりいたしましょうか」と言うと、恐縮される方もいらっしゃいますので、まずは「重くはございませんか」などと声かけをしましょう。反応によっては「こちらの椅子の上でもよろしければ」と、**荷物を置いてゆっくり店内をご覧いただくことを促したりします。**

セキュリティの観点から、カウンターでお預かりするのがベストです。ただし、貴重品だけは預からず、お持ちいただきます。

▶ 11 預かるときはセキュリティに注意

セキュリティの観点から、カウンターで預かる方がいい。

預かると喜ばれるもの

- キャリーケース
- スーツケース
- 無人のベビーカー

（以上3点）大きいもの

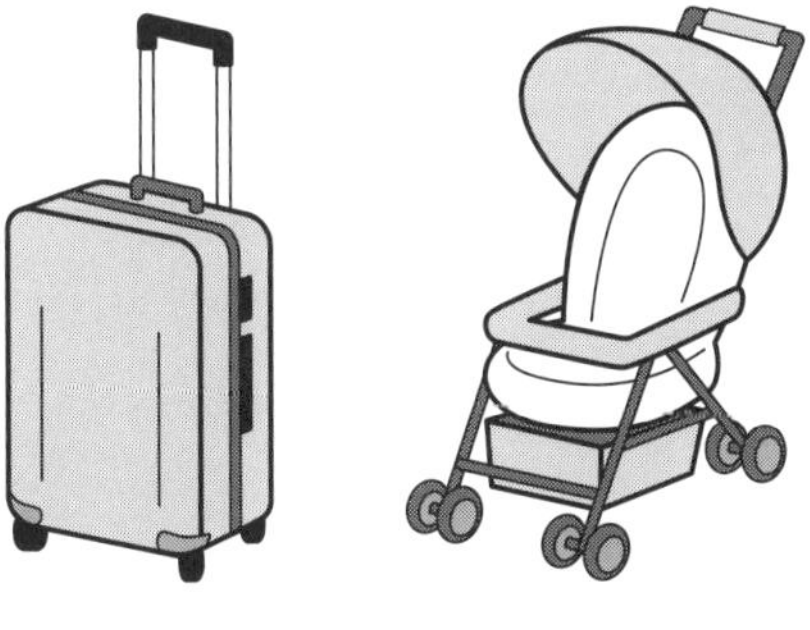

Tips 12

お客様の「服装」に応じた声かけをする

お客様の服装というのは、わたしたちにさまざまな情報を与えてくれます。仕事風の感じであれば、お勤めの方だと察しをつけることができますし（そうではない可能性もありますので、あくまでも声かけのきっかけとして）、**洋服の傾向から、どんな雑誌をお読みになるのか、どんな生活スタイルをお持ちなのか、といったような興味の方向性も探ることができます。**

それらの「服装」から得られる情報は、もちろん具体的な接客トークにいかすこともしますが、接客に入る前の「声かけ」にもいきてきます。例えば、

「お客様のバッグ、素敵ですね。コンパクトなのにたくさん入りそうですね」

「お客様のお靴、すごく履きやすそうですね。わたしたちは立ち仕事なので、どうしてもお靴に目がいってしまうんです。失礼しました。ごゆっくりご覧くださいませ」

などと、**お客様個人の趣味や持ち物に言及した声かけをする**ことができます。

こうすることで、お客様にわたしたちを近くに感じてもらい、居心地良くすごしていただけるのです。

▶ 12 お客様の身に着けているものから会話を広げる

スマホなら

「やっぱり使いやすいですか？」などと、自分は持っていないものに対して聞いてみる。

自社商品なら

「いつもありがとうございます」と少しコッソリ（恥ずかしいお客様もいらっしゃるので）、けれど、しっかりお伝えする。

自分が持っているものを持っていた場合

「恐れ入ります。私も実はお客様と同じものを……」

そこから、
・お使い心地はいかがですか？
・けっこう使えますよね？
・いつもありがとうございます
などにつなげる。

Tips
13 お客様の「お連れ様」に応じた声かけをする

お一人のお客様も多く来店されると思いますが、お連れ様があるときはまた違った「声かけ」ができるチャンスです。

一番特徴的なケースは、お子様連れの場合です。親御様にあいさつをするのはもちろん、**お子様にまつわることを声かけすると、さらにお客様との距離を縮める効果が期待できます。**例えば、

「そのベビーカー、おしゃれですね。なんていうブランドですか？　日本のですか？」

「やっぱり女の子（男の子）はかわいいですね。今って、こんなかわいいの（お洋服・お靴）があるんですね」

などとお話しすると、いい反応をしてくださることがほとんどです。

また、お連れ様が大人の場合も、

「お友達同士（ご家族）でありがとうございます。どうぞごゆっくり」

などと声かけをすれば、「うるさく接客いたしませんよ」というメッセージにもなります。

▶ 13 お子様に対する接客のポイント

走り出してしまったとき

お子様を追いかけて、「ママ（パパ）のところまで、よーいドン！しよう」と、かけっこをすると楽しく戻れる。

親が試着のとき

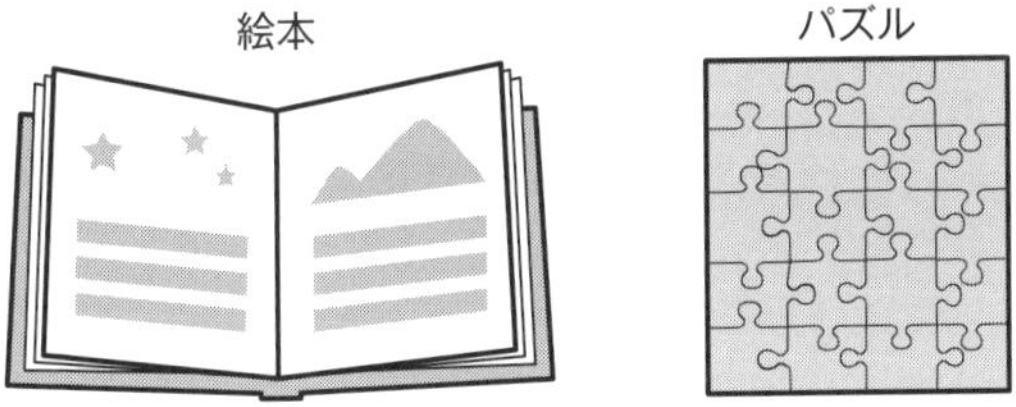

- フィッティングルームにおもちゃを用意しておく
- ベビーカーごと入っていただく
- 外で待つ場合は、絵本、パズルなどコンパクトに遊べるものをお貸しする

Tips
14 「アンケートなんですが」で声かけをする

これまで、2万人以上の販売業の方と一緒に仕事をしてきましたが、多くの人が一番難しさを感じているのは「声かけ」です。「お客様へのファーストタッチだから、うまくやらなくては」と思うほど緊張したり、空回りしたりしてしまいます。「無視される」のが嫌で、声をかけることすら怖くなったりすることもあります。

そんなとき、ひとつのアイデアとしておすすめしたいのが「アンケート」です。

アンケートの設問自体は、凝ったものである必要はないです。「この種の商品をご覧になったことはありますか?」「3色ある中の、どの色が好きですか?」「当店には何度くらいお越しになられたことがありますか?」などで、構いません。声をかけるためのツールになればいいのです。

その中に「AとBを一緒に使う、こんな使い方はどう思われますか?」などを盛り込んでおけば、**暗にセットでのおすすめをする**こともできます。

声をかけるときも「恐れ入ります。アンケートなんですが、15秒だけいただけませんか?」などと言えば、多くのお客様が答えてくださるものです。

▶ 14 アンケートをつくる

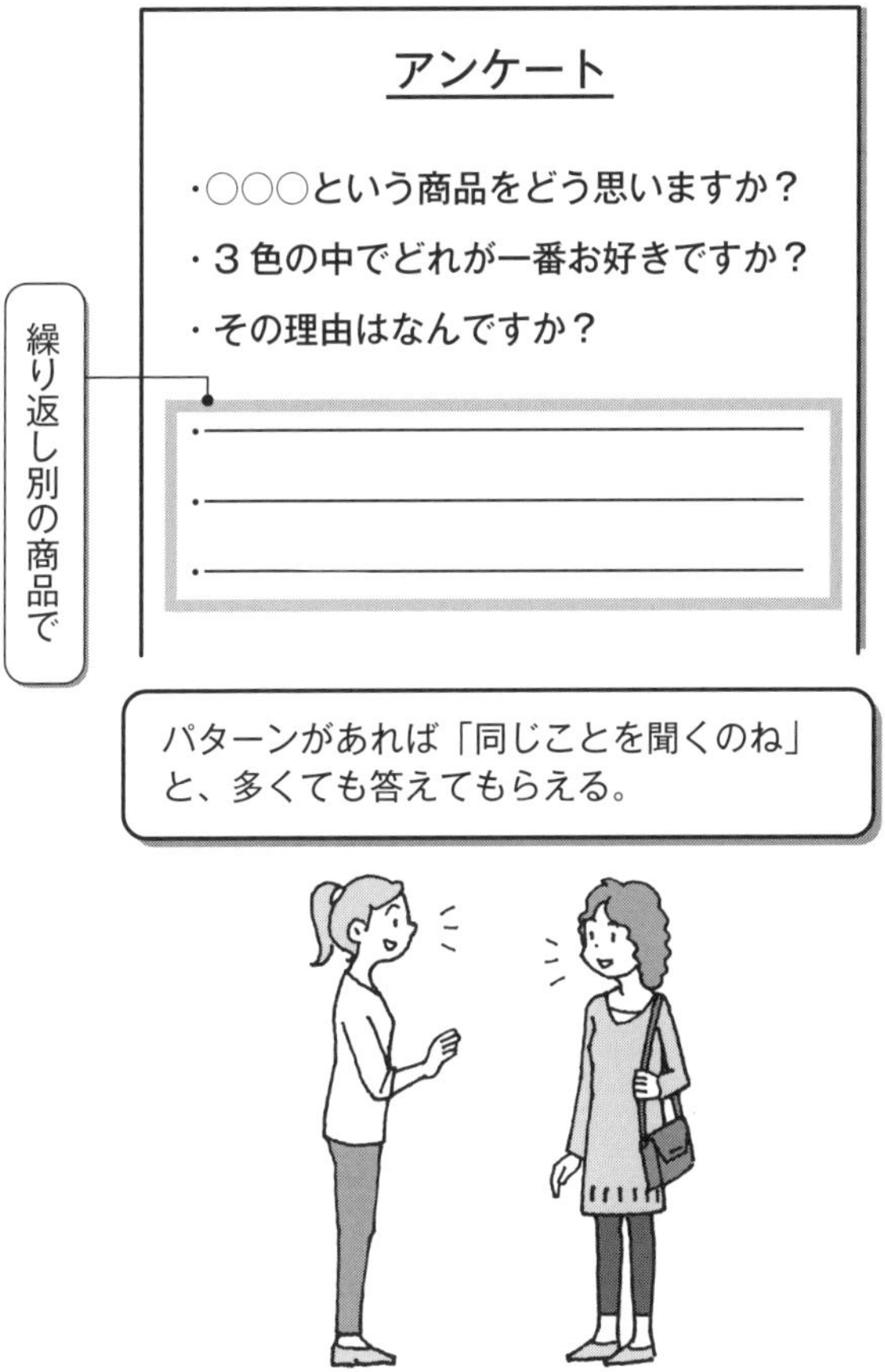
アンケート
・○○○という商品をどう思いますか？
・３色の中でどれが一番お好きですか？
・その理由はなんですか？
繰り返し別の商品で
パターンがあれば「同じことを聞くのね」と、多くても答えてもらえる。

アンケートには口頭で答えてもらう。

Tips

15 褒める代わりに、インタビューする

「お客様を『褒める』のは、なかなかハードルが高い」、と言う販売スタッフもいます。

ですが、「褒める」というのは、ちょっと角度を変えればそんなに難しいことではありません。

「良く言わないといけない」と思うと、なんだかとってつけたような、思ってもないことを言わないといけない気になるかもしれません。しかし、そうではなく「インタビューをすればいい」のです。

例えば、お客様の靴を褒めたいなら、「そういう靴は、どこに行けば見つかりますか?」と、その靴自体のデザインを褒めるのではなく、**探し方についてインタビューする**のです。

ただ「素敵ですね」「かわいいですね」だと、誰にでも言えるコピペ用語だと感じるお客様もいらっしゃるかもしれません。

「どうやって探すのか」と聞かれれば、身に着けているものでなく自分に興味を持ったのだ、と感じていただくこともできます。

▶ 15 身に着けているものからアプローチする

そういう仕事用のバッグを探しているんですけど、なかなか見つからなくて……失礼ですが、どちらで見つけられるんですか？

うちの奥さん（ダンナさん）に、そういうのいいなぁと思うんですけど、失礼ですが、何ていうブランドなんですか？

靴やバッグなど“顔”まわりから遠いものをピックアップすること。顔まわりのアクセサリーなどは「見てたの？」と怖がられてしまうことがある。

Tips 16

どんな声かけのあとも「放牧」をする

わたしが販売教育でおじゃましたお店や会社の販売スタッフさんと接したとき、往々にして感じることがあります。それは、「声かけしたら、売らなきゃ！」という、不要な思い込みを持っているということです。

自分がマークしたお客様にうまく声をかけて、会話に発展させて、商品説明に突入して、商品を試していただいて……「レジまで連れていかなくては！」と力（りき）んでいるのです。しかしそれは、逆に足かせとなり、声をかけることに臆病になってしまったり、失敗を恐れて身動きがとれなくなってしまったりします。

この種のスランプを乗り越え、売上を上げるためには、ひとつのコツがあります。それは、お客様を「放牧」することです。

あいさつをしたり、声をかけたりしたあとに「ごゆっくり（ご覧くださいませ）」などとひと言添えて、お客様から離れます。するとお客様は「売り込むために話しかけてきたのではないんだ」とわかり、安心していただけるのです。また「何か聞きたいことができたらいつでも聞ける」という便利さも、感じていただける可能性があります。

▶ 16 お客様と少し距離感をとる方法

とにかく「あれ？　どこか行っちゃったな。いなくなっちゃったぞ」と驚いていただけるくらい、一度気配を消すのがポイント。
一連の流れをあえて途切れさせることで、お客様との快適な距離感を保つことができる。

商品整理をする

他のお客様に意識を向ける

Tips 17

この人商品に興味あるなのサイン

「この人、商品に興味を持ったな！」というサイン、それは簡単に言ってしまうと、「正面」か「斜め」かの違いです。何のことかと言うと、体の「向き」です。

お店の中を歩いていて、まだ「お散歩状態」のときは、歩きながら陳列を見ているので、商品を「斜め」に見ている状態です。

これに対し、**足を止め、じっくりと見はじめたときには、商品に対して体が「正面」を向いています。**少なからず「じっくりと見た＝興味がある」と考えていいでしょう。

しかし、たとえ正面に向いていて、商品を見ていたとしても、まだ「どのくらい興味があるか」は、わかりません。単に「こんなものがあるんだなぁ」という、自分の買い物とは別の角度からの「興味」かもしれません。

ですから、いきなり商品説明をしはじめたりはせず、「こんなものもございましてですね……」などと、**説明ではない「ご紹介」のニュアンスで声かけするの**がいいでしょう。

▶ 17 商品に対して正面を向いたらチャンス

まだ興味のない状態

興味を持った状態

Tips
18 止まったときに声をかける

接客で一番難しいのは「声かけのタイミング」だと言われています。実際、わたしが関わっているスタッフさんたちからも、この相談が一番多く寄せられます。

タイミングを計るのに、一番重要視したいのは、お客様が「止まったとき」です。

①立ち止まったとき、②手の動きが止まったとき（商品を触ったとき）、③目の動きが止まったとき、この3拍子がそろったときは、お客様が商品に対して興味を持ちはじめたときです。

商品を触っても、まだ歩きながらであるときには「なんとなく気になった」くらいで、それほど具体的な興味、には至っていません。また、目の動きが止まっていても、足が止まっていても、遠くにある商品を見ているときには、まだ興味の対象というよりも「なんだか目についただけ」という場合もあります。

お客様が動いている間は、ごあいさつ程度にとどめ、声をかけるのは「止まったとき」と覚えておきましょう。

▶ 18 3つのストップが声かけのタイミング

3つのストップがそろったときに声をかける

ストップ１

立ち止まる

ストップ２

手の動きが止まる

ストップ３

目の動きが止まる

Tips 19

声をかけてはいけないタイミング

声をかけるのに、効果的でないタイミングというのはさまざまあります。その中でも、**わりとやりがちで売り逃しにつながっているのが、お客様が商品を手に取って、それをまた戻そうとしているとき**です。

確かに手に取ったので、興味を持ったことは間違いありません。しかし、一度手放して、また他の商品も見ようとしているのです。ですから、商品を手には持っているけれども、まだ見てはいるけれども、意識はすでにこの商品にはない状態です。そこで、その商品の説明をされても、あまりいい反応は得られません。

もしこのタイミングで声をかけるとすれば、その商品に似通ったものをおすすめする場合のみです。

ここは、お客様の動きを見守り、次にどんな商品に目を向けてくださるかを待ちます。そして、**さっき戻した商品を覚えておいて、実際に接客に入ったときに活用できるようにします。**声をかけてはいけないタイミングでも、お客様の動きをきちんと見ておき、次の接客にいかすのです。

▶ 19 こんなときも声かけはダメ

試着や試食の最中

試している最中なので、よく感じて、考えていただく。
待ってれば、感想をいただける。

手に取った瞬間

少なくとも手に取って、見て、それからで遅くない。

Tips

20 声をかけて欲しいのサイン

お客様が声をかけて欲しいときにやる仕草で一番わかりやすいのは、わたしたちスタッフを探すように歩き回ってくださっているときです（その前にこちらから声をかけなければいけませんが）。しかし、それ以外も声をかけて欲しい、という空気を察知する方法はあります。

それは、

・足の動きが止まっている
・手に商品を持つか、触っている
・けれども、商品を見たり離したりする

この3つがそろったときです。わたしたちを探している可能性があります。

すでに商品に十分興味があるのに、それを見ていないというのは、わたしたちスタッフに意識を向けてくださっている可能性が高いのです。飲食店なら、メニューを手に取っているけど、すでにメニューを見ていない。物販なら、商品を持っているけど、それを見ていない。このような動きが見られたときは、「声をかけてかまわない」というメッセージです。

▶ 20 販売スタッフを探しているお客様の仕草

洋服を買いにきたお客様

雑貨を買いにきたお客様

メニューやカタログを見て
注文しようとしているお客様

ものを触っているのに目線が遠くにあるのなら、
声をかけて欲しいと思っている。

第3章

商品説明・接客 編

Tips

21 売る前に全部自分で試しておく

これは基本中の基本なので、書くまでもないことですが、これから売ろうとするものの良さを体感し、知っておくことは、わたしたちのひと言に深さや重みを与えてくれます。

体感するとは、食べ物なら食べてその味を知っていることですし、洋服なら着心地ですし、靴なら履き心地です。すべての商品を試して、**お客様に対して、それぞれの商品が与えるであろう「感触」を語れるかどうかが、売れる人とそうでない人の一番の違い**と言っても過言ではありません。

商品説明と言うと、その商品の素材や、つくられる工程や、つくる側のこだわったポイントなどを話したくなるところですが、**実際にお客様が価値を感じるのは、「使い心地」**です。他人の思いを知ることも、その商品に魅力を感じるポイントにはなりますが、「自分の実感」に勝るものはありません。

そこで、その商品を使うとどう感じるかを先回りして調べ、わたしたちが実感を込めてお話しするのです。すると、お客様が「ピン！」ときて、「欲しい」につながっていきます。

▶ 21 自分の感想を伝える

このイチゴを食べたときの「ジュー」っていう果汁感と、下の生地の「サクサク」な感じが、ちょっともう言葉にならないのでぜひ食べてみてください。

・足に吸いつくような感じで長時間履いていても疲れにくいんです。
・今までの靴が何だったんだろう？って感じです。

・数回、お洗濯してもこの感じが変わらないんです。
・見た感じは細いんですが、着ると驚くくらい楽なんです。

Tips

22 他のスタッフが同じ商品をどう売っているかを調べておく

接客を指導しているときに、スタッフさんがどんな接客をしているか見せていただくのですが、そこで「もったいないな」と感じることがあります。それは「いつも同じ商品説明をしている」という点です。

例えば、Aという商品のことを説明するときには必ず「色」のことを言う、というようにパターン化したトークになっていることが少なくないのです。

しかし、**お客様は、同じAという商品であっても「色」よりも「形」や「大きさ」もしくは「機能性」または「価格」に興味を持ったのかもしれません。**つまり、「色」のことばかり説明していても、響くお客様は一部に限られてしまうのです。

そこで、あなた以外のスタッフが、Aという商品についてどんな商品説明をしているかをリサーチしておきましょう。

例えば朝礼などで、毎日1点の商品を挙げて、各々がどうやって販売しているかを共有しておく、という方法もあります。

▶ 22 お客様に響く説明をする

1点の商品に対して、いくつものボール（商品のアピール情報）を持つ。

お客様に対してひとつずつ投げていけば、どれかには共感していただける可能性がある。

売れる人は、そのボールの数が人よりも多い。

Tips
23
お客様によって違う商品説明をする

お客様によって、ひとつの商品の「どの要素に着目したか」というのは十人十色、百人百色、多彩に異なります。色、素材、大きさ、形、デザイン、価格……といったように、どこに対して直感的に魅力を感じるかは、実に人それぞれです。

ですからたくさんの「ボール」を用意しておいて、どれからでも、次々に投げかけられるような準備が必要なわけです。

その上で、もうひと工夫すると、さらにお客様の気持ちに響く商品説明ができます。

例えば、**男女の性別を利用**しましょう。あなたが男性でお客様が女性なら「男性目線では……」、その逆であれば「女性目線では……」などと添えると、また違った角度からボールを投げることができます。

誰が使うかによっても、投げ方を変えられます。「お子様がいらっしゃるご家庭ならこんな使い方があります」などと、用途の幅広さをお伝えすることができます。

どこで使うかによっても変えられます。「会社ではこう使えますし、ご家庭ではこう使えます」といったように、場所やシーンに応じて、商品の魅力が広がる場合もあるのです。

▶ 23 ワンランク上の商品説明

性別を利用

例）女性目線で申しますと、ペンとかカフスとか、小さな部分に気を配れる男性って、女性にも気を配ってくれそうで素敵に映ります。

年齢を利用

例）ストールとしてはもちろんですが、赤ちゃんのおくるみにもなりますし、大人のヒザかけにもなります。

用途を利用

例）日持ちする食品なので、おつかいものにもいいですが、ご自宅で保存食としても重宝します。

人数を利用

例）一人でゆったり座るのも、ゴロンと横になるのもいいですし、来客時には 3 人は座れますので、このくらいの大きさがおすすめです（ソファ）。

シーンを利用

例）普段のお仕事でお使いになるのはもちろんですが、このくらい黒が深いものでしたら、冠婚葬祭にも使えます。

Tips 24 他社・他店にどんな商品があるか熟知しておく

自社商品に詳しいというのは、あたりまえのことですが、近所にある競合店にどんな商品があるかを熟知しておくことはとても重要です。

競合店の人と仲良くなって、商品を見せてもらうパターンもありますし、変装してお客になりすまして店舗の中を調査する方法もありますが、とにかく売れる人は、他店の品揃えをよく知っています。

そして接客の中で、**お客様が購入を迷ったときに、あえて他店の商品について話を持ち出す**のです。

「○○さん（他店の店名）にもこういう商品があって、うちとの違いはこういう部分です」

などと言った上で、

「価格で考えると、こちらが長く使える分、おすすめできるかな、と思います」

などとつけ加えば、「この人に聞けば近隣を見て回ったのと同じくらいの情報をもらえるな」と信頼していただけるのです。もし、自社商品を選んでもらえなかったとしても、そのあとリピーターになってもらえる確率がアップします。

▶ 24 商品について正直に語る

他社の強みも正直に話す

A 店さんも、よろしければ見ていらしてください。
うちのより、価格面ではお安いものがいろいろあります。私も買って使わせていただいていますが、繰り返し使ったときに、正直違いが出ます。

B 店さんにも、品質のいいものが揃っています。
うちよりも少し高いですが、あとはお好みで選ばれるのがいいと思います。

A 店さんには、これに似たものがありますが、少し素材が薄いので使える時期が短いかもしれません。

B 店さんには、これより丈が少し長めのものがあります。使い勝手の良さから考えると、私はコチラ（自店のもの）をおすすめしますが、好みかもしれません。

Tips
25
ニーズなんか探ろうとしない

一般的に接客や販売と言うと「お客様のニーズに合った接客をしましょう」などと教わりますし、本やセミナーなどでも、それが当然のように語られています。しかし、あなたがお客として買い物をするときに「こうして欲しい！」「これが絶対欲しい！」と思い、明らかなニーズをもって買いに出かけることが、どのくらいあるでしょうか。

多くのお客様は、いわば「お散歩状態」でお店の中を歩かれています。「何か良さそうなものが見つかれば買うかもしれないな」という程度の、声にも形にもならない感覚です。ですから、「何かお探しですか？」なんて声かけは、的外れなのです。

ありもしないニーズを探るより、わたしたちがすることは、なかったニーズを生むことです。そのためには、まず**自分がその商品を「どう思うか」を正直に語る**ことです。

「あなたは？」と聞いても明確なニーズはないのですから、「わたしはこうです」と自分の視点を語ることで、その商品の特徴や使い道などに触れていただくことができます。間違っても、単なる「商品の説明」をしないようにしましょう。

▶ 25 お客様に自分の感想を伝える

お客様が見ている商品について話す

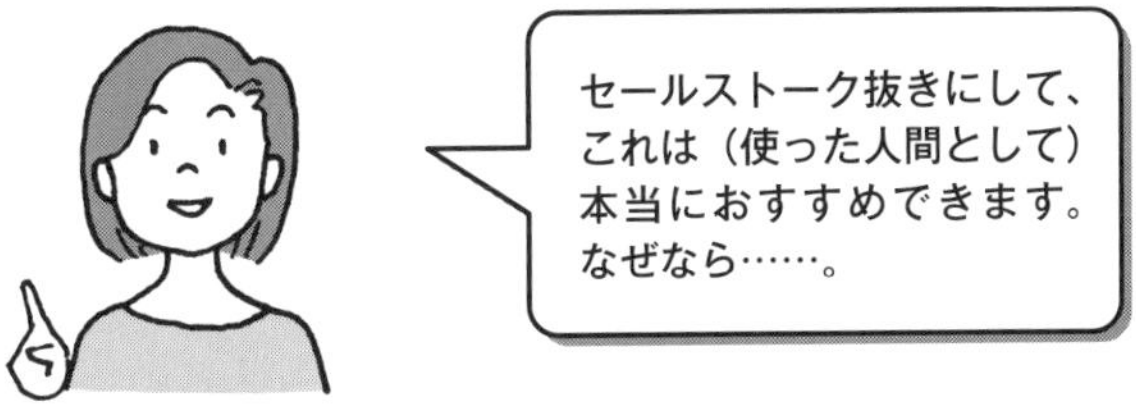
セールストーク抜きにして、これは（使った人間として）本当におすすめできます。なぜなら……。

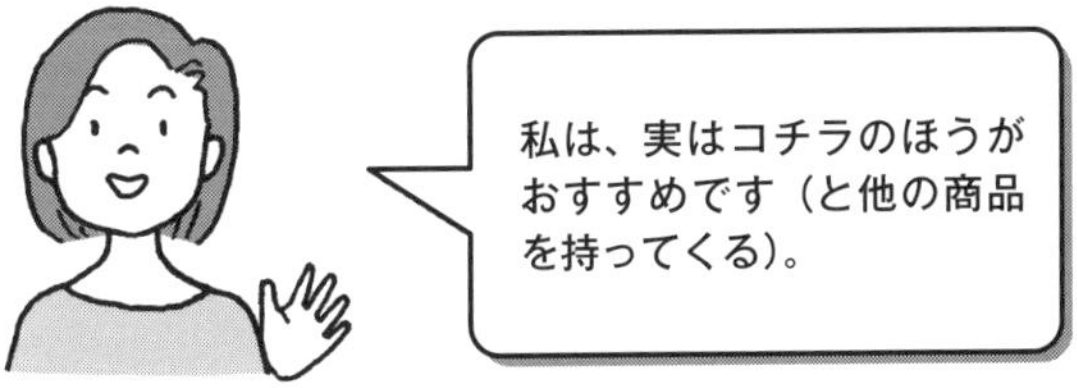
私は、実はコチラのほうがおすすめです（と他の商品を持ってくる）。

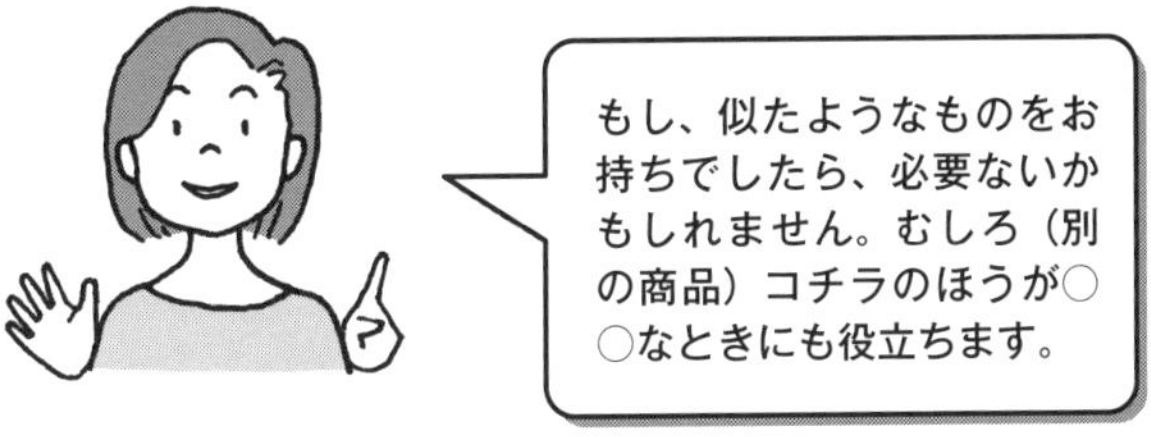
もし、似たようなものをお持ちでしたら、必要ないかもしれません。むしろ（別の商品）コチラのほうが○○なときにも役立ちます。

Tips
26
思い込みを捨ててから商品説明をする

思い込みで一番顕著なのが「価格」についてです。

売る側のわたしたちが、商品の価格を「高い」と感じている場合、接客のときにそれが言葉に表れてしまうことがあります。例えば、その商品よりも価格の低い商品を持ち出して「こちらは比較的お買い得です」といったように、商品の「安さ」という魅力を売りにしてしまうのです。

もちろん、安さを売りにしてはいけない、ということではありません。ですが、**お客様が「安さ」を求めていないこともある**、と知っておく必要があります。ときによっては「お金がないと思われた！」と、気を悪くされるお客様もいらっしゃいます。

価格でなくとも「男性だからブルー」「女性だからピンク」といったような思い込みも、ときにお客様の考えとは異なり、せっかくの商品説明全体が、響かなくなってしまうこともあるのです。

一切の思い込みを捨てて、商品、そしてお客様と向き合うことが大切です。

▶ 26 思い込みをしがちな要素

性別

・男だから、甘いのは苦手
　女だから、甘いのが好き

・男だから、かわいいものに興味がない
　女だから、かわいいものに興味がある

年齢

・若いから、ボリュームがあるもの
　年輩だから、ボリュームの少ないもの

・若いから、機能がいっぱいついているもの
　年輩だから、機能が使いやすいもの

組み合わせ

・男女だからといって、
　女性がお金を払うこともある

・親子だからといって、
　子どもがお金を払うこともある

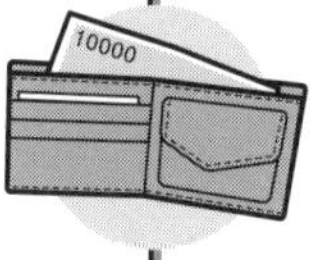

Tips 27 カップルはどちらがお客様でどちらがお連れ様かを見極める

カップルで来店された方を対応する方法ですが、まず、「カップルのどちらがお買い物にこられていて、どちらがそのお連れ様であるか」を見極めることが重要です。

例えば、あなたが女性向けの商品を扱う販売スタッフであれば、女性のほうをお客様だと思い込みがちです。しかし、場合によっては男性がその女性へのプレゼントを買いにきているパターンもあります。

選ぶのは女性であっても、お財布を出すのは男性という場合は、どちらにも気を配りながら接客することが大切です。

女性が（男性向け商品のお店の場合は男性が）ご自身のものを見にきているのであれば、話はスムーズです。

お連れ様には、椅子やソファーなどでゆっくり待っていられるようにご案内します。できれば、お読みいただけそうな雑誌や絵本などをご用意しておくと、なお気が利いた印象になります。何より、お連れ様に気を使わず、ゆっくりお買い物をしていただくための工夫をするのです。

▶ 27 カップルに声をかけるときの注意点

まずは、「同性」のお客様に話しかけるのが無難。
それから「異性」のお客様に。そして、また「同性」のお客様に。
ここまでで、より話にのってられるほうと話せば、たいてい問題はない。

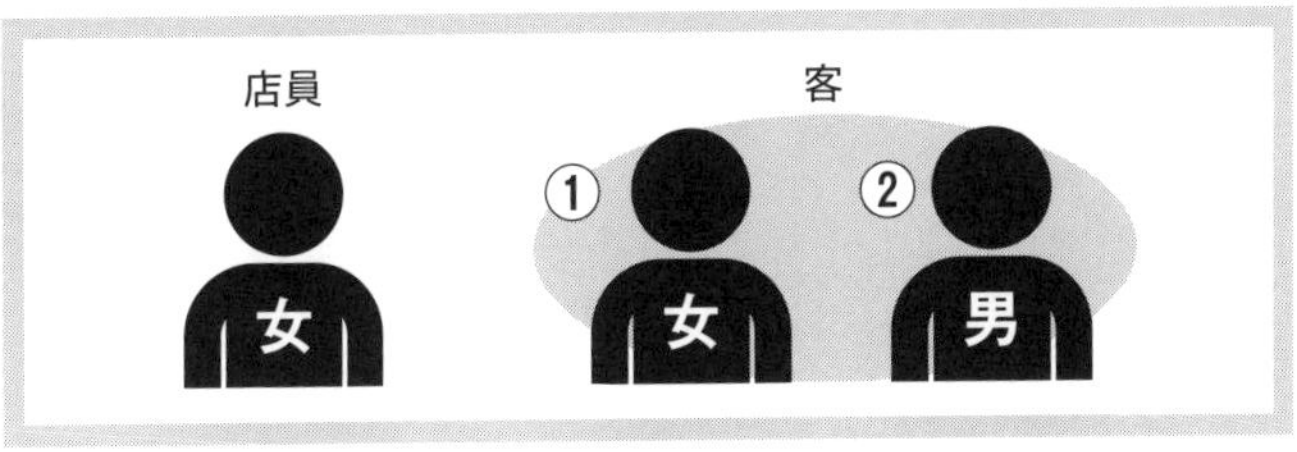

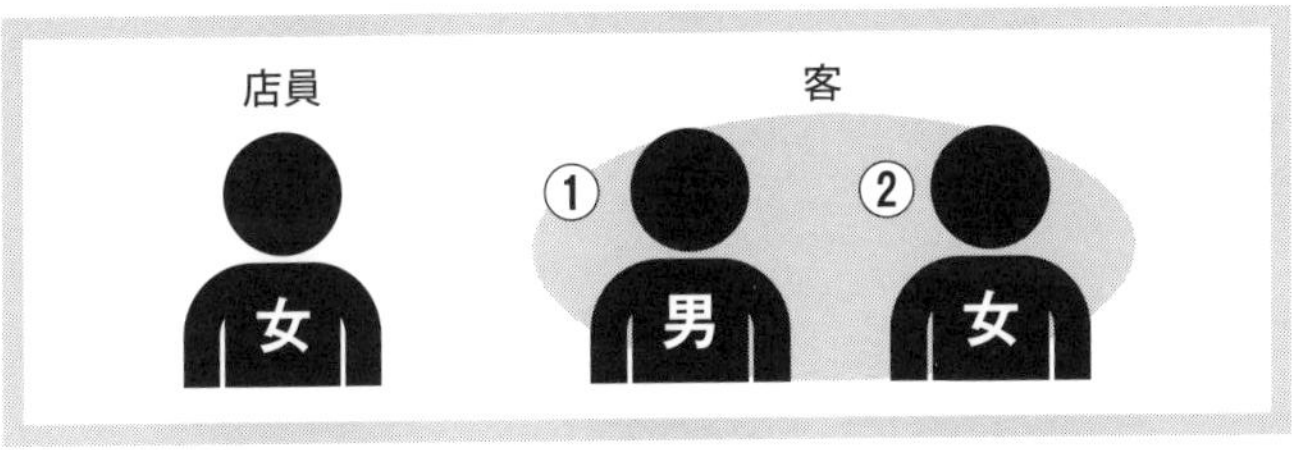

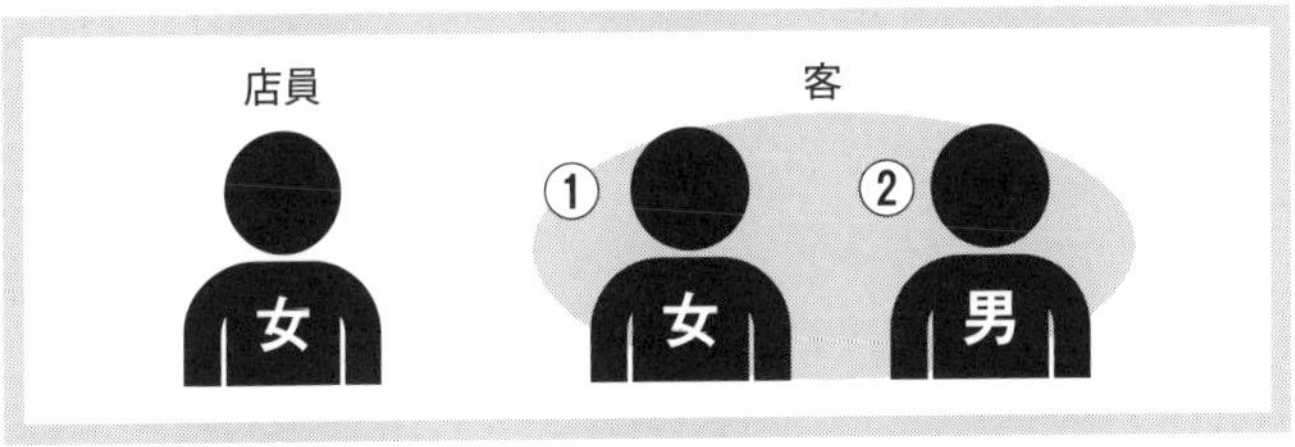

Tips 28 横に並んで立つ

人それぞれに「接客のクセ」があると思います。

多く見かけるのが、お客様と正面で向かい合う体勢になるパターンです。

ショーケースを挟んでお話ししなくてはならないお店などの場合は、仕方がないかもしれませんが、もし可能なら、お客様と「横並び」になるような立ち位置に誘導しましょう。

どちらかというと、わたしたちの体ではなく商品を目の前にして、その前にお客様と並んで立つ感覚です。

そうすると、まるで家族や友達同士で検討しているような意識になり、実際に、打ち解けた感覚でお話しできるものです。

デートなどでもそうですが、**互いの姿や顔が正面から全部見えていると、自分がどう見られているかが気になって、緊張が増してしまいます**。しかし、テーブルの角を挟んで、互いが半身になるように座ったり、バーのカウンター席のように隣り合わせで座ると話しやすくなるのです。

▶ 28 接客時の立ち位置に気をつける

立ち位置でお客様が感じる印象は変わる

Tips 29

敬語だけでなく、友達言葉も使う

接客の教育をしていると、やたらと丁寧な言葉遣いで、堅苦しくなりすぎているスタッフさんがいます。

丁寧に話すのはいいことですが、間違いのない敬語を使おうとするあまり、自分らしい話し方を手放してしまっているのです。慣れない敬語を使おうとすればするほど、形に気を取られすぎて、中身が薄くなってしまいます。

そこで、あえて友達言葉を使うこともおすすめします。使い方にはポイントがあります。例えば、

「こういう商品は、あると超便利だよ〜、って皆さんに言いたくなってしまいます」

というように、**自分の感情のところだけを友達言葉にして、最後は敬語で締める、**という形です。自分の感情を自分の言葉で表現するというのは、言葉の温度が増し、よりお客様にも共感していただきやすくなるものです。

こんなふうに要所要所で友達言葉を織り交ぜながら話すと自分がリラックスできるので、お客様にもそれが伝わり、安心してお買い物を楽しんでいただけるのです。

▶ 29 使っても大丈夫な友達言葉

✕ **ダメな言葉遣い**

とにかくタメロ

・〜だと思わない?

・〜じゃない?

・〜コレしかないし。

○ **状況により使ってもいい言葉遣い**

話の途中に使う

・〜だと思うんで。
……なので○○のほうがいいと思います。

・〜だったりして。
……なので○○するといいと思います。

・〜ぜったいコレ。
と申し上げるしかありません。

Tips
30
「わたしも持ってます」は注意

「言ってはいけない」とまではいかないけれど、言わないほうが賢明なフレーズというものがいくつかあります。これらは接客の中で、一般によく使われているフレーズです。例えば、**「これはわたしも持っています」**。これは、「だから?」となるお客様がいらっしゃいます。

まず、お客様がこれから買おうとするものを先に持っている、という状況に対して、「恐れ入りますが、実はわたしもこちらを使ったことがございまして」などと、ごく丁寧に控えめにお伝えする配慮が必要です。そして「実は見た目よりも実際に使うと○○で」などと、使ったことがある人にしかわからない情報をお伝えする場合のみ、このフレーズは意味を持ちます。

ただ単に人気がある、自分も持っている、というようなニュアンスで使うと、「みんなが持っているなら嫌だ」というお客様もいらっしゃいます。

いつも使い慣れたフレーズでも、お客様にとって必要な情報をお伝えしているのかどうかを客観的に見直し、さらにいい言い回しがないか、研究していきましょう。

▶ 30 言わないほうがいいフレーズ集

この商品はすごく売れています。

この商品は人気があります。

この商品は追加生産したんです。

この商品は一度完売しました。

これらのフレーズは「だから？」「ならイヤ」と思う人もいる。売れてるからって、「あなたも欲しいでしょ？」はお客様をバカにしている。

Tips
31 話が長いお客様には過去形で話す

話が長いお客様、というのはいらっしゃるものです。京ことばのように、「お茶漬けをすすめたらそろそろ帰ってくれというサイン」のようなものがあれば便利ですが、接客の会話にはそういったものはありません。

そこで、気持ち良くお帰りいただくための工夫をしましょう。

「お詫びの形をとる」というのもひとつの方法です。

「○○様、ついお話が楽しくてお引止めしてしまって、もうこんな時間に……。ずいぶんお時間をいただいてしまいました。申し訳ありません」

などと「引き止めたお詫び」の形をとれば、角が立たずにお帰りを促すことができます。

さらに、

「○○が入荷しましたら、ご連絡させていただいてもよろしいですか?」

というように**「未来」のお約束**をしたり、

「今日はお越しくださって、本当にうれしかったです」

のように「うれしかった」と過去形にしてしまうことで、話のまとめに入ることができます。

▶ 31 お客様が多いときの対応

一人のお客様につきっきりにならないよう、「よろしければコチラもご覧になってみてください」などと言ってから、離れて見守りつつ、他のお客様にも声かけをする。

バスケットボールの「ピボットターン」のように、「くるくる回りつつも、軸足は離さない」という感じで何人ものお客様にタッチしておく（お声だけはしておく）。

そして、反応のあったお客様につく。

これを繰り返すのが、おすすめ。

Tips 32

試着・試食・試履の前に「好き嫌い」を聞く

どんな商品でも、商品に何らかの魅力があって「いいな」と思われたから「お試し」に至るわけです。

皆さんは、そのお試しいただいたあと、通りいっぺんの「いいですよ」を繰り返していませんか？　それだと、「更なるピン！」には、なかなか至っていただけません。

そこで、お試しに入る際に、あらかじめ、その商品に関しての「好きなところ（いいと思うところ）」をお聞きしておきます。そしてその「好き」であるポイントと対比して、「それでは、もし○○な商品があっても、お客様にはご不要ですね」といったように、**世の中にある類似した別の商品がいかにいらないか、買うに値しないかを暗にお伝えしておく**のです。

そして実際にお試しいただくことで、その商品の良さが際立って感じられるのです。

これは、一種のネガティブキャンペーン的なところがありますが、ひとつのアイデアとしてぜひ懐に入れておいてください。「もうひと声！」というときに、効果が出ることがあります。

▶ 32 自社商品を際立たすコメント

参考に伺いたいのですが、この商品のまず
目についたところはどこでしたか？

とお客様に質問する。

色 なら……

もっと派手な色づかいのものもよくあり
ますが、あんまりって感じですね。

大きさ なら……

「大は小を兼ねる」と言いますが、これよ
り大きいのはあんまり必要ないでしょう
かね。

素材 なら……

もっと厚地のものもありますが、やわら
かさの意味ではそんなに厚いものもいら
ないでしょうかね。

Tips 33 試したあとは、まず正直な自分の意見を言う

すべてのお客様が「これを買うぞ！」と目的を持って来店されているかと言えば、そうではありません。

極端な言い方をすれば、**販売スタッフは、「いらないものを買わせる」ことに近い**わけです。だって、考えてみてください。お客様もわたしたちも、家に帰れば何でもあります。靴だって1足あれば外に出かけられますし、今日着る服がないという人もいないでしょう。最低限、食べることや衛生的に暮らすための日用品でないかぎり、家にあるものをさらに買っていただく必要があるわけです。

ですから、どこの店でも聞かされる、気の利いたコメントをしても、お客様には響きません。

売れる人は、自分の率直な意見を言います。「お客様はどうお感じかをあえて伺わずに申し上げるとすると、自分は〇〇だと思います」。こんなふうに言われると、売り込もうとしているのではなく、**親身になってその買い物について一緒に検討していることを、暗にお伝えすることができる**のです。

▶ 33 お客様に似合っていない……そんなときは

言いにくいことではあるが、お客様のことを思って伝える

Tips
34
試したあとにもう一度「好き嫌い」を聞く

商品を試しながら、そして試したあとも、お客様の心は、商品を「買っていいか」「買わないほうがいいか」の間で揺れ動いています。そこでずばり、お客様にお伺いします。

「この商品のどの辺が好き（いい）と思われますか？」

すると、ぼんやりとしていた「買っていい理由」が、お客様の中で明確になります。しかも、**わたしたちがお伝えするのではなく、お客様自身が答えを出すことで、自分で自分を接客していただく効果が出てくる**のです。

またそのあと、必要に応じて、「このどの辺が嫌い（良くない・気になる）と思われますか？」とお聞きすることもあります。

すると「それでも買う価値がある」という判断に至るか、「やはり見合わせる」ということになるかが、はっきりします。

買わない選択を促すことで、お客様に「わたしたちが売ろう売ろうとしているのではない」という、安心感を覚えていただけます。それが再来店につながる大切な要素になるのです。今日売れなくても、いつか買ってくれる可能性が高まります。

▶ 34「買う」か「買わない」かの選択を促す

いまいち決めかねているときあえて聞く

このノートパソコンのどこが気に入りました？
キーボードが打ちやすいところです。
お気に召さないところはありますか？
画面が小さいところだよ。
画面の大きさとキーボードの打ちやすさだと、より譲れないのはどちらですか？

あくまで中立の立場で買うべきかどうかを相談する。
自問自答のお手伝いをする。

第4章

クロージング編

Tips
35
100人に100通りの「承認」をする

お客様が「買う」ことを決めるときの理由は、100人いれば100通りあります。**買うことを検討しているお客様に対して、「買ったほうがいいですよ」とおすすめすることを「承認する」と言っています**が、これも100人いれば100通りの承認の仕方があります。

例えば、同じく「色」が気に入ってくださったお客様でも「持っていない色だから買う」という場合もあれば、「持っているけど、気に入っているからもうひとつ買う」という場合もあります。それにはまず、「こういう色はお持ちですか?」と「持っているかどうか」を聞いておく必要があります。そして「持っていないなら、ひとつあると便利ですから」と「承認」することもできますし、「お持ちでしたら、もうひとつあったほうが2つとも長持ちしますからね」と承認することもできます。

よりお客様の気持ちに響く「承認」をしたいなら、お客様が買うかどうか検討している理由を、細部まで聞き出していく必要があるのです。どこが気に入ったのか? なぜ気に入ったのか? そしてなぜ検討しているのか? を純粋に質問しても構わないのです。

▶ 35 買ったほうがいい理由を伝える

お客様が気になっているところを **承認** して
ご購入に導く。

Tips
36 体型に合うことを承認する

身に着けるものなら、お客様の「体型にフィットする」ことが、承認する際の一番の要素になると思います。

同じお子様用カバンでも、お子様それぞれに違った動きがあるので、それに対応する大きさやストラップの長さのカバンをおすすめします。大人なら、なで肩の方にはショルダーバッグはおすすめしません。リュックや斜めがけのもののほうが使いやすいと思います。洋服なら、太っているとお思いのお客様には、暗に体型カバーにもなることをお伝えしますし、背を高く見せたいとお思いのお客様なら、すらりと縦長に見えることをコメントすることになります。

たとえスリーサイズがまったく同じであっても、手足の長さや頭のサイズは一人ひとり違います。そして、**ご自身の体型に対して、どこに満足され、どこに「もっとこうだったらいいのに」という望みを持っていらっしゃるかは、これまた人それぞれです。**

いかにその悩みを解消し、望みを叶える可能性のある商品であるかをお伝えすることが、インパクトのある「買ってもいい理由」になるのです。

▶ 36 お客様の悩みを聞き出す方法

相手が少し太目な場合

とりあえず、スタイルをほめる。

あなたが女性なら、

「失礼ですが、私のような少年のような体の者からすると、女っぽくてうらやましいです」

とか、
男性なら、

「ボクなんかぜったい弱そうに見られますから……」

などと言うと、持ち上げられてしまうので、

「いいえ、私はずいぶん太ったんですよ」

などと、自分から悩みを言ってくれる。

Tips
37
生活スタイルに合うことを承認する

一人暮らしの方でも、家族と一緒にお住まいの方でも、皆様それぞれの生活スタイルを持っています。

例えば、起床時間をひとつとってみても、早起きの方もいらっしゃれば、遅めで夜更かし型の方もいます。

朝型の方であれば、タイマー式の商品や、朝の寒さに対応できるようなものが「あるといいな」と感じていただける可能性があります。

その商品自体が持っている「表面的な特長」というのは、やはり「色、サイズ、デザイン……」などですが、それらが**「いかにお客様の日常を便利にするか」に変換してお伝えする**ことで、さらに魅力を感じていただける可能性があるのです。

または、その商品の「意外な使い方」を考え出すことで、思ってもみなかったお客様に、その商品の魅力をお伝えすることができるようになります。

お客様の生活スタイルに合っていて、さらに生活を便利にする商品であることが伝えられれば、「買ってもいいな」につながるのです。

▶ 37 お客様の生活スタイルを引き出す方法

仕事を聞く

「失礼ですが」の前置きを忘れずに

失礼ですが、お仕事は何をやられていますか？

⬇（生活スタイルを予測する）

・デスクワークなら、9時～18時？＋残業？

・その他なら、早番、遅番（＋夜勤）？

趣味を聞く

「趣味は何ですか？」という聞き方はしない

・世間のニュースから
　➡「野球・サッカー見ますか？」など

・自分の話から
　➡「この前、飲みすぎて……お酒は飲まれますか？」など

・アウトドア系なら
　➡「車の運転はされますか？」
　➡「どちらへお出かけされますか？」
　➡「どなたと行かれるのですか？」など

・インドア系なら
　➡ その趣味に使う道具の話など

Tips
38
選んだ商品と違うものをすすめる

これから接客につこうとする場面でも、すでに接客に入っている場面でも、こちらがおすすめしたい商品ではないものに、お客様が興味を持たれることはあるものです。

そんなときは、「こちらは色が○○で、形が○○で、大きさが○○で……」というように、その商品についてひと通り、説明をしてみます。

そして、その中で、どの部分にお客様がより頷くなどの反応を示すか見ます。その商品のどこが気に入ったのかを確認するのです。

そして、**反応が良かった要素を持つ別の商品をおすすめします。**

店舗にある商品は、すべて売りたいことに変わりありませんが、できれば、**いいお買い物をしていただけるように、我々プロがお手伝いしたい**ものです。

それでも、お客様が「これがいい！」とお決めになったのなら、よりいい使い方をお伝えするなどして、お買い上げいただくのもいいでしょう。

▶ 38 お客様にできるだけいいものを買っていただく

おすすめできない商品をお客様が選んだら……

お客様が欲しいと言ったグラス
でも、とても割れやすい

このグラスのどこが気に入ったかを聞き出す。

↓

この大きさがちょうどいいんだ。

↓

代替品を提案。

Tips

39

どちらの商品か迷っているときはショック療法

お客様が2つの商品を目の前にして迷っているとき、わたしたちがとるべき行動は3パターンあります。

ひとつ目は、これはごくあたりまえですが、**もう一度、両方の違いについて説明します。**

2つ目は、**「お客様、(わたしなら) コチラです」などと、ズバっと自分の意見を言います。**その意見には、それ相応の「なぜならば」があるわけですから、それもお伝えします。

一般的には、お客様のニーズを聞き出して、それに合ったほうをプッシュするのですが、そのような接客は、お客様も受け慣れています。そこで、ショック療法的に、ズバリお伝えするのです。

そして3つ目は、迷うのをやめていただきます。**一度店を出て、食事やお茶をされることをおすすめします。**場合によっては「ひと晩寝て、朝のひらめきでお決めになりませんか。お取り置きもできますので」などと言えば、これもまたショック療法的な効果があります。

お客様に、わたしたちが無理して売らずに、いい選択をしていただこうとしている誠意が伝わり、結果としてどちらかをお買い求めくださる確率が高くなるのです。

▶ 39 3つのパターンで対応する

もう一度説明する

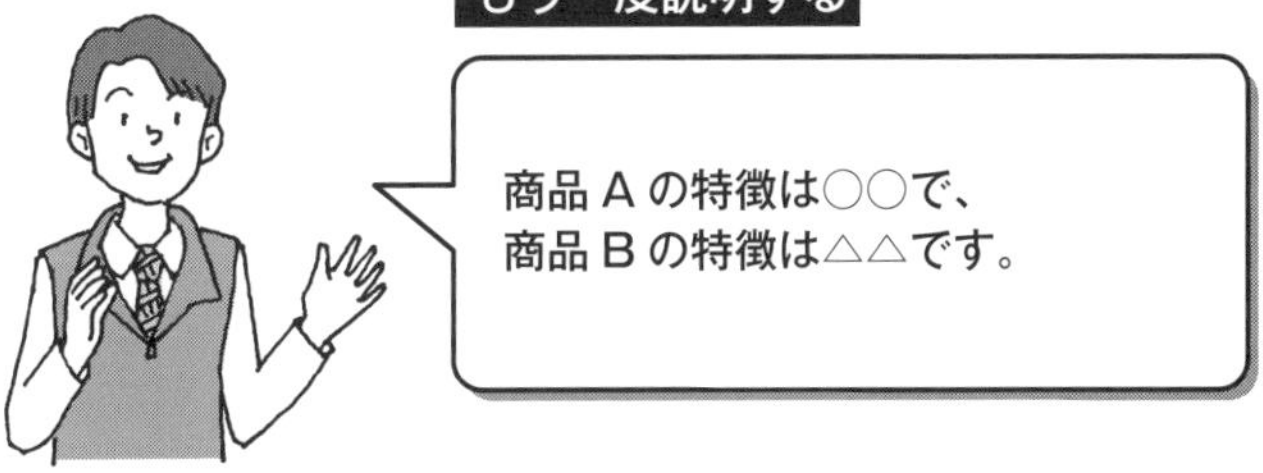
商品Aの特徴は○○で、
商品Bの特徴は△△です。

自分の意見をズバリ言う

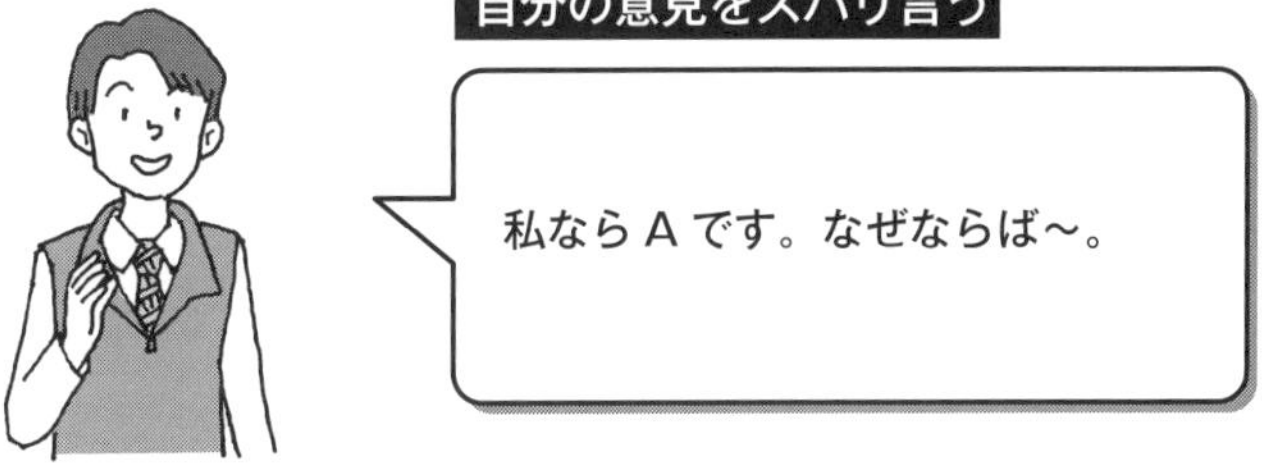
私ならAです。なぜならば～。

時間を置いてもらう

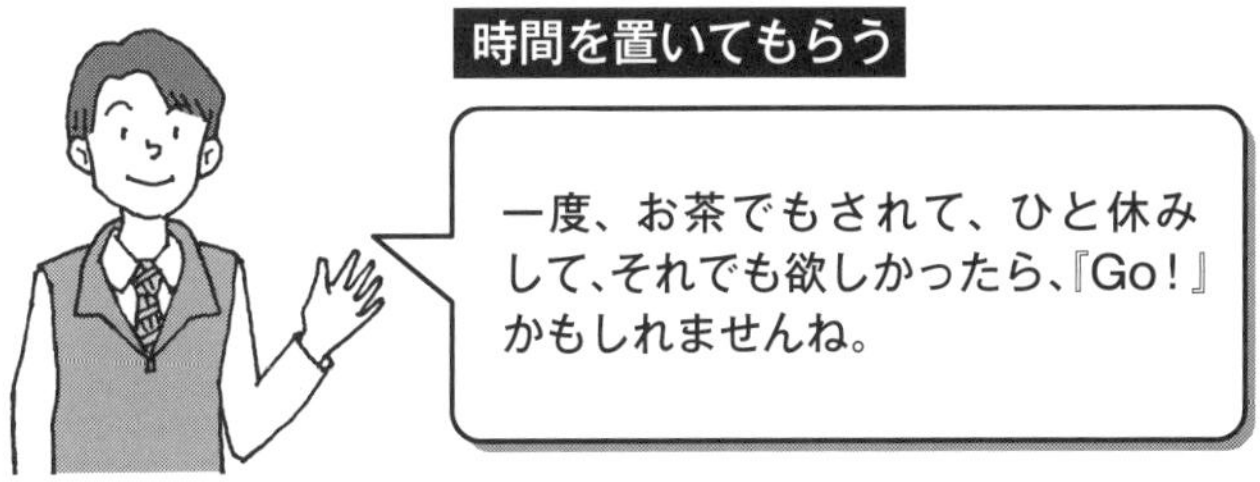
一度、お茶でもされて、ひと休みして、それでも欲しかったら、『Go！』かもしれませんね。

Tips

40

「持っている前提」で話し、持っていないものに気づいてもらう

どんな商品でもそうですが、買おうとされている商品は「何かとの組み合わせ」で使うことがほとんどです。

例えば、キッチン用品なら包丁はまな板がなければ使えませんし、洋服なら服だけ持っていても靴がなければ外に出られません。インテリアならソファーにはクッションがあったほうがくつろげますし、自転車には鍵をつけないと心配です。

このように、**「その商品が、何と一緒に使われるか」にフォーカス**して、その「相方」を持っている前提でお話しするのです。

例えば、あなたが包丁を販売しているとしたら、

「ご自宅にはもちろん、まな板がおありだと思うのですが、この包丁には○○な素材のまな板を使うと、さらに切れ味が長持ちします。次回お買い替えのときはぜひ」

などとお伝えすると、そのうちの何割かのお客様が「じゃあ、まな板もください」と言ってくださる可能性があります。しかも**「次回、お買い替え」のようなニュアンスを添えれば、「これも売ってやろう」という商売っ気が前面に出ず、スマートにおすすめできます。**

▶ 40 組み合わせて売る

お客様に「これも必要だ」と思ってもらう。

Tips

41

「わたしたちはこう使っています」を参考として伝える

あなたが扱っている商品の中には、**「『プロならでは』の使い方がある」**、というものもあるでしょう。

それは素人からすると、とても斬新で「なるほど！」と驚いていただけたり、購入のきっかけや決定打になることもあります。

例えば、手入れが必要な商品なら、「この食材は、茹でるのが一般的ですが、生のままでもおいしいのですよ」などとお伝えすると、そのうちの何割かが「それ、やってみたいな」と思ってくださることがあります。

もちろん食材でなくても、「これはお子様向けの商品ですが、大人が使うと、小さめサイズで使いやすいのです」などというパターンもあるでしょう。

意外な使い方を提示することで、面白く驚いていただけて、お買い上げにつながる可能性がアップするのです。

▶ 41 いつもと違う使い方を提案する

お客様に「そういう使い方もあるのね」と思ってもらう。

Tips

42

単価の高い商品は月額で表す

まず「単価が高い」という、わたしたち自身の思い込みを捨てることからはじめます。その商品は、他の商品を比べれば「高い」ということになりますが、その商品自体に、それ相応の価値があるから、その価格がついているのです。その意味では、何ら高いものではありません。

また、**お客様の「高い」「安い」の価値観はそれぞれです。**わたしたちが思いもよらない高価格なものを、安いとおっしゃる場合もあります。逆に、どんなに安価なものでも高いとおっしゃる場合もあります。

ですから、**単価が高い商品でも、なんら構えることなく他の商品と同様におすすめし、それに対してどんな反応をされるかを見ます。**

もし「高い、けれども欲しい」と言うようであれば、電卓を持ち出します。**その商品がどのくらいの期間使えるか、**例えば2年使えるものなら24で割り算し、**1カ月あたり、そして1日あたりの値段をお見せする**のです。すると、車やジュエリーのような高単価なものでも、「1日あたりこの値段なら」とお安く感じていただけるのです。

▶ 42 お得に見せる方法

高額商品は分割して金額を示す

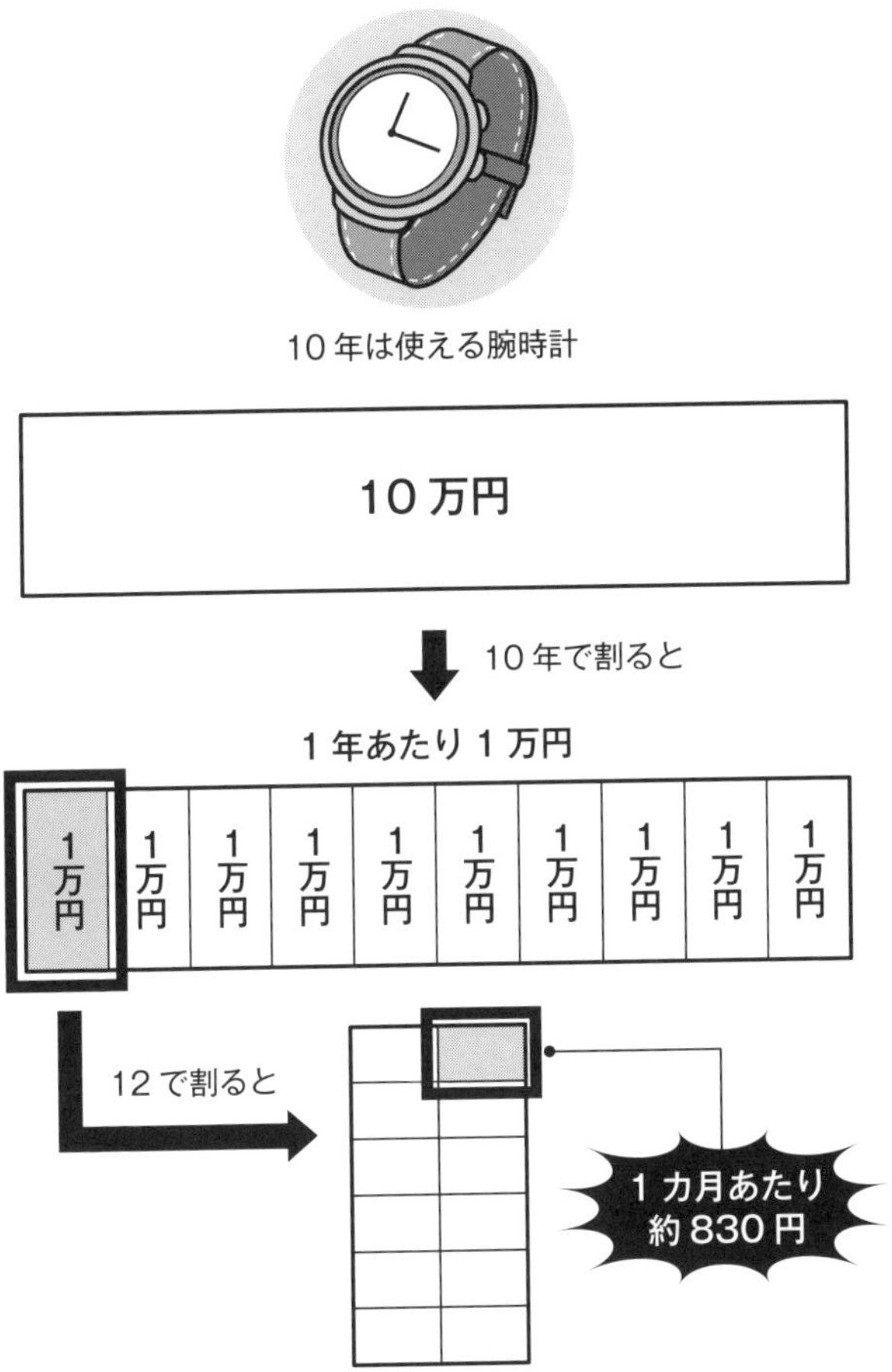
10年は使える腕時計
10万円
10年で割ると
1年あたり1万円
1万円
1万円
1万円
1万円
1万円
1万円
1万円
1万円
1万円
1万円
12で割ると
1カ月あたり
約830円

Tips
43
会計や梱包の時間を有効に使う

お会計や梱包などで、お客様をお待たせしてしまう場面があります。せっかく、まだお店の中に滞在していただいているわけですから、この時間も、お客様とのコミュニケーションに活用したいものです。そこで、おすすめの方法が2つあります。

ひとつは、**アンケート**です。例えば、商品を3つ~5つ程度ピックアップしておいて、その写真と簡単な説明を載せたアンケート用紙を用意します。内容は、「この中で一番ご興味のある商品はどれですか?」「それはなぜですか?」など、ごくシンプルなもので構いません。これは暗に**商品のご紹介**をしています。

アンケートではなく、「欲しい順の、ランキングを教えてください」などとして、人気投票の形にすることもできます。

もうひとつは、**手づくりカタログ**です。ポラロイドカメラなどで商品を撮影し、**おすすめコメントなどを手書き**にした小さなカタログをつくります。印刷のものより、じっくりお読みいただけるので、お待ちいただくときには最適です。これも、アンケートと同じように、さらに商品をおすすめするツールになります。

▶ 43 手づくりカタログ

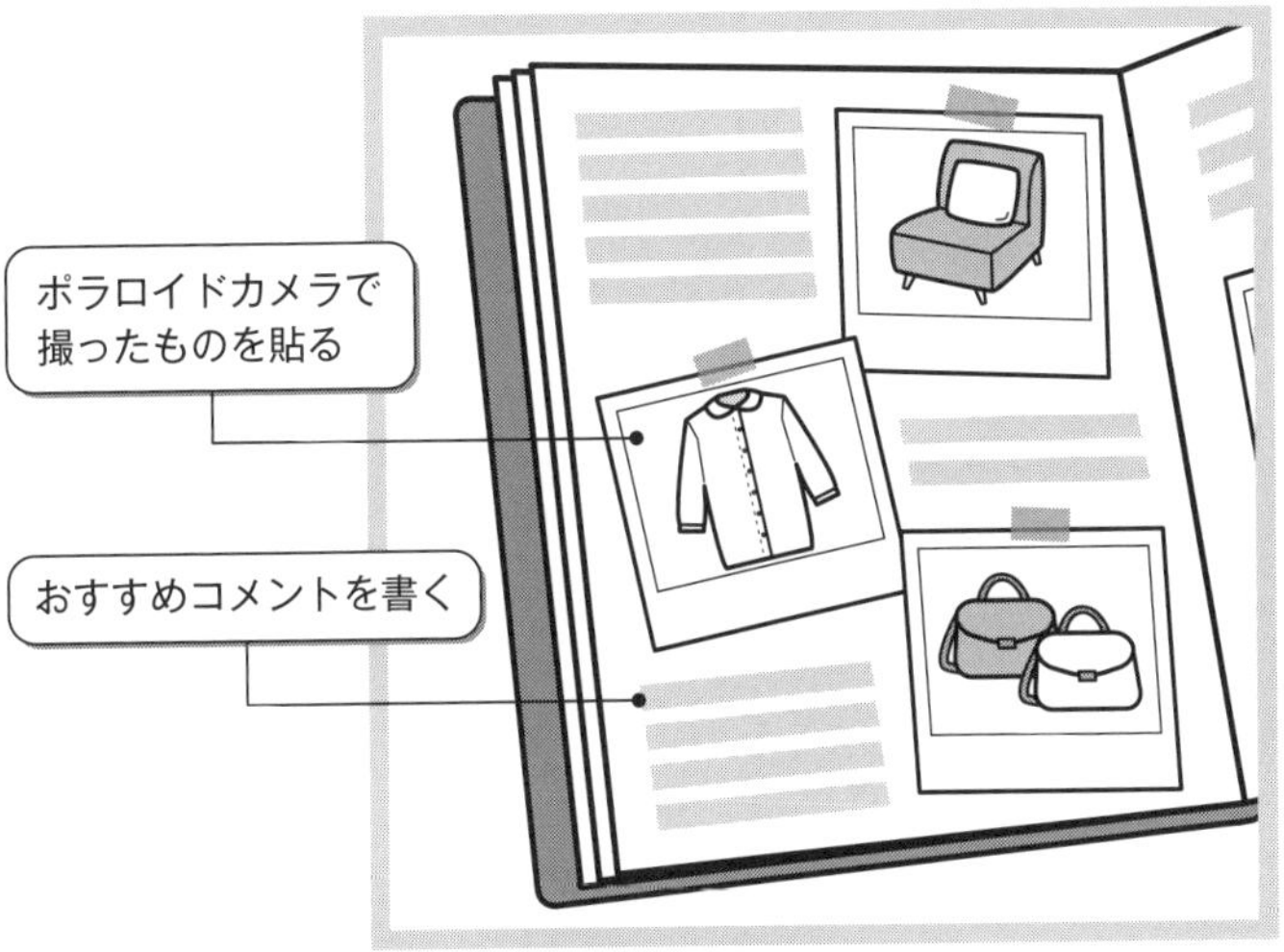

Tips
44 プレゼントでもう1点追加

商品の価格にもよりますが、「もう1点」をおすすめしたいときに「プレゼント」という用途を持ち出すと、同じ商品をお買い上げいただけることがあります。

例えば、

「ご自身でお使いになるのにおすすめなのはもちろんなんですが、この商品は、意外と贈り物にされる方も多いんです。そのために度々これを買いにお見えになるお客様もいらっしゃるくらいです」

などと、**「プレゼントにも最適です！」とお伝えする**と、「それならもうひとつ」と、ご家族やお友達用にお買い上げいただけることもあります。

すべての商品に向いている提案の仕方ではありませんが、**お店の中に、「この商品ならできるかな？」というものがないか探してみましょう。**

そして、欠かさずおすすめをしていけば、そのうちの何割かのお客様に、もう1点お買い上げいただける可能性が出てきます。

▶ 44 お得感が出るフレーズ

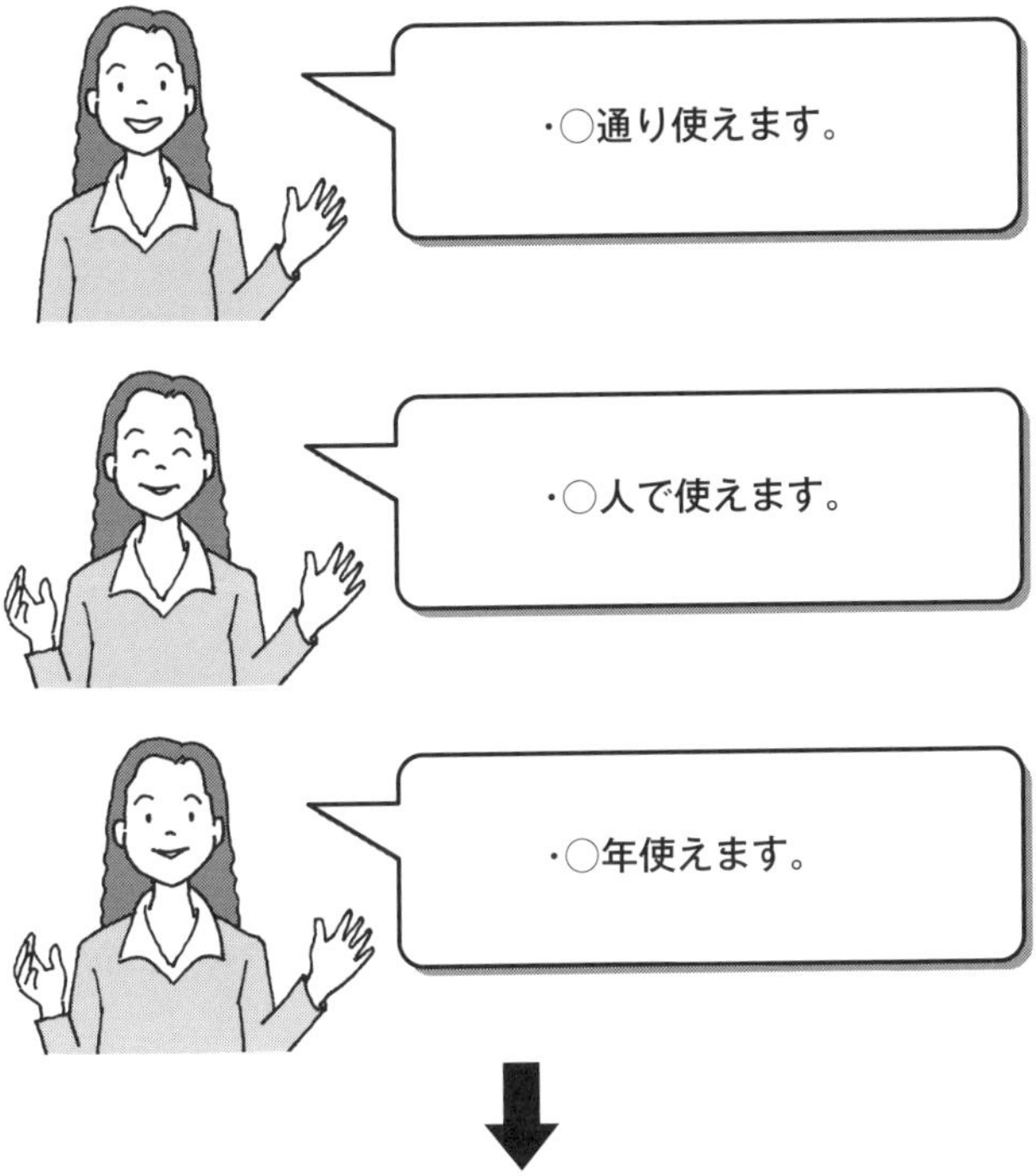

どのフレーズも「ひとつのお買い物が複数以上の価値を持つ」ことを伝えている。
すると、「これは買ったほうがいいかもしれない」と感じてもらいやすくなる。

第5章

リピーター獲得編

Tips 45 お客様を「教育」する

お得意様が少なくて悩んでいるお店には、「お得意様になるとこんないいことがある」ということを、お客様にお伝えできていないケースがよく見受けられます。

お得意様になると、過去に買った商品を覚えてくれていて、それに沿った形で新商品をすすめてもらえます。また、好みを理解してくれていて、それに合った商品もすすめてもらえます。ときには「○○様が好きかなと思ってとっておきました」などと、頼んでいないのにうれしいサービスが受けられたりすることもあるのです。

そういう**「お得意様ならではの楽しい買い方」があることをお客様に教える、**教育するのです。すると、「この店に通うといいことがありそう」と期待していただけて、またのご来店につながるのです。

ですから、お客様が2度目来店されたときは、常連様のように「先日はありがとうございます」というあいさつをします。そして、「実は○○さんにとっておきのものがあります！」などと、面白く、少し仰々《ぎょうぎょう》しく、**お得意様用の接客を「味見」していただく**のです。

それが「お客様教育」につながります。

▶ 45 お得感を伝えて、常連さんになってもらう

● 買ったものを覚えているから、
ムダのない買いものをおすすめできますよ !!
● 好みに合いそうなものは、とっておきますよ !!
● 新商品は一番にご紹介しますよ !!

２度目の来店時に説明する。

Tips
46
ポイントカードの特典を見直す

ポイントカードは、お客様のお財布の中にいっぱい。今やどの店でもやっている、なんら珍しくも、ありがたくもないサービスになってしまいました。

売る側のわたしたちには、お客様のデータが取れたりしてメリットも多いのですが、下手をすると「お得なことが好きなお客様」を集めてしまうことも。

ポイントカードは、「ポイントがたまれば割引になる」が特典になっていることがほとんどです。すると、「割引になるのなら、他店でも買う」という、いわば**「浮気なお客様」と多くつながってしまう**ことがあるのです。

どうせなら、一途なお客様を大切に手厚くもてなすために、つながりたいですよね。

あるお店では、ポイントがたまると「店長の手打ちそばをごちそうします。ときにより失敗してまずいこともあります」という特典をつけています。これが笑いを誘って、「他にない個性」となり、熱烈なファンがついています。

お店独自の個性的で面白い特典や、スタッフの顔が見える特典などを設けると、本当の意味でお客様に喜んでいただけるのです。

▶ 46 ユニークなポイントカード

ポイントがたまると……

お店で行われる、お手入れ講座にご招待

➡ 化粧品なら、メイク講座

➡ 革製品なら、手入れ法

➡ 服なら、カラーコーディネート講座など

⬇

買い物以外の目的でまたご来店いただける。

「売る側」「作る側」を体験

➡ 販売スタッフ体験ができる

➡ 本社見学・工場見学ができる

⬇

お客さんとコミュニケーションのきっかけになる。

通常の割引ポイントもあった上で、こういうおもしろいアクティビティを加えると、お店の個性が出る。これは、ポイントカードをつくってもらう際のお願い文句になる。

Tips

47 サンキューレターは全員に出さない

あなたの自宅のポストにも、毎日何通ものダイレクトメールが届くことと思います。新聞の勧誘からデリバリーのチラシまで、見ずに捨てることも多いのではないでしょうか。

手書きのコメントが添えられているハガキもありますが、内容が他のお客様と同じだろうことを書いているだけ、というのもよく見かけます。

これでは、お客様に対して手厚いというより、むしろ作業的に書いていると感じさせてしまわないでしょうか。

それならば、**ごくごく親しいなじみのお得意様にだけは、ハガキでなく便箋で、私信を添えたお手紙を出しましょう。**そうでないお客様には、印刷だけのものにするのです。こうするほうが、かかる時間は同じでも、深いつながりを生む可能性があります。

しかも、「今までは印刷だったのに今回は手紙が届いた」となれば、お客様は「自分はお得意様になった」という意識を持ってくださいます。

全員に何でも出せばいい、というものではありません。

▶ 47 レターは差別化する

なじみのお得意様

便せんと手書きの手紙

普通のお客様

印刷したハガキ

お得意様には手間をかけるものを選ぶ。

Tips
48
「アメ」「名刺」「おりがみ」を持っておく

販売スタッフなら、ポケットに「アメ」「名刺」「おりがみ」を用意しておきましょう。「アメ」でなくても、ポケットサイズのお菓子なら何でもいいのですが、お客様がお疲れになったときにお渡しします。また、親しいお得意様にはウェルカムドリンクならぬ**「ウェルカムお菓子」**のように活用することもできます。

会社や管理施設の手前、おおっぴらに使えないツールでもありますが、お客様と距離を縮めるのにコソっと使うと効果的です。

そして「名刺」は、意外と持っていない販売スタッフも多いのであえて挙げましたが、ぜひ持っていただきたいツールです。持っていると名乗る癖もつきますし、**顧客化する意識づけ**にもなります。

最後は「おりがみ」です。これは**お子様や外国人のお客様向け**です。すでに折った折鶴を用意しておいて差し上げると、おもちゃやおみやげになり、喜ばれます。まだ折っていない状態なら、お子様のお絵かきに使っていただいたり、ご自身で折って遊んでいただいたりするのに使えます。

▶ 48 接客を助けてくれる三種の神器

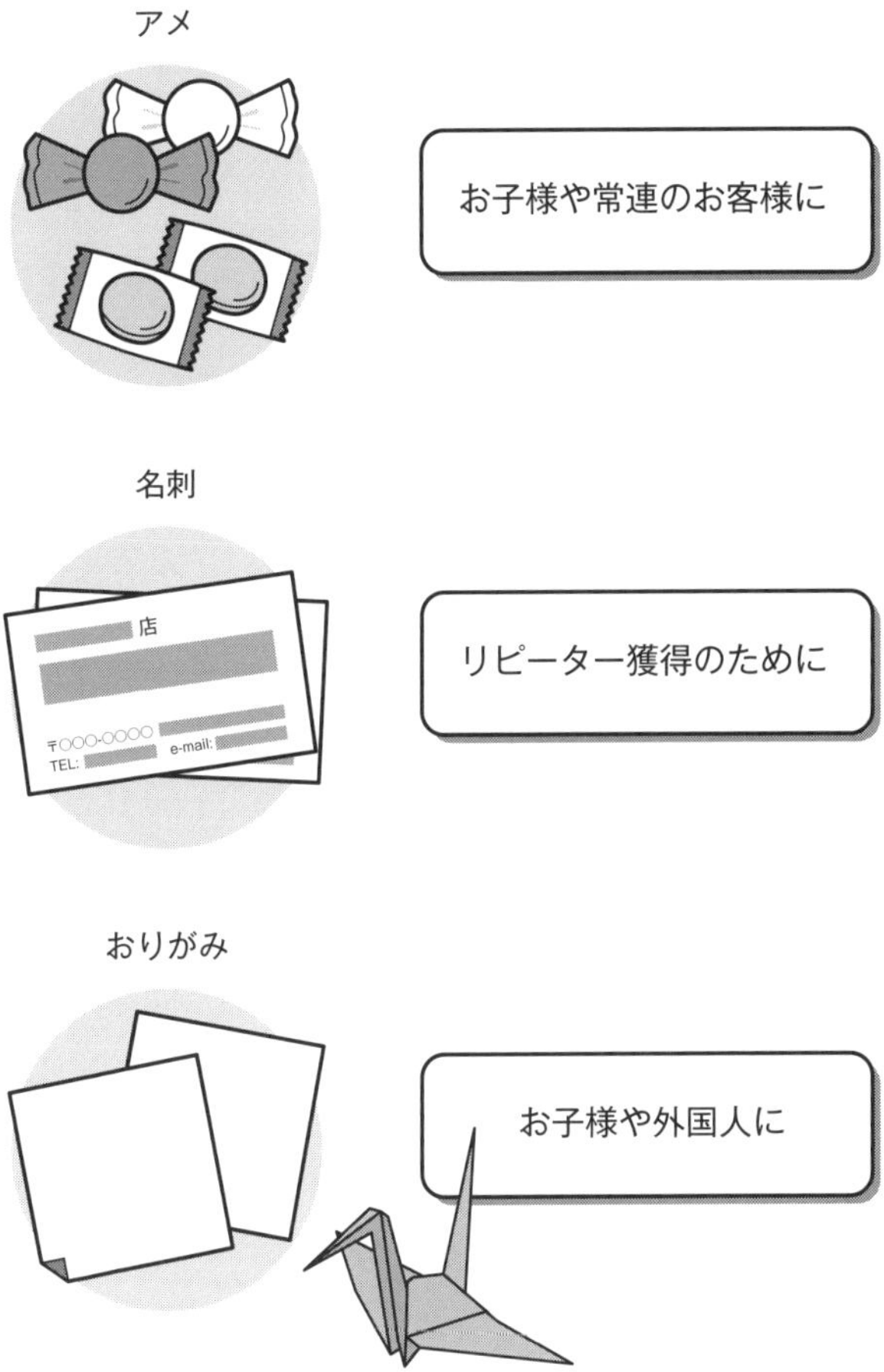

Tips

49 「されたことない会計」を体験してもらう

お釣りの渡し方ひとつにしても、「されたことがない」を体験していただくことができます。

「お先に、大きいほうから」と、お札を先に渡すのが普通ですが、あえて**「小さいほうをお先にどうぞ。あとはお札とレシートです」という順番のほうが、お客様は受け取りやすいですし、お財布にしまいやすい**のです。しかし、なぜかお札を渡し、小銭とレシートを一緒に渡すのが一般的になっています。紙やら小銭やらで、しまいにくいと誰もが感じているはずなのに、「最適」を考えようとしないのは、とても不思議なことです。

これは一例ですが、小銭から渡されたことに対して、便利で、特別なものを感じていただけたら、それはひとつの記憶になります。本当に本当に些細なことですが「お客様思いの、よく考えている人だ」と感じていただけるかもしれません。

わたしたちは、お客様にとって快適であることを生み出すプロですから、**いつも昨日までのやりかたを疑い続ける必要がある**のです。「もっといい方法はないか」と常に心のどこかで探しながら接客をして、お客様に「初体験」の驚きや喜びを感じていただきましょう。

▶ 49 おつりは小銭から

相手の立場に立って接客する

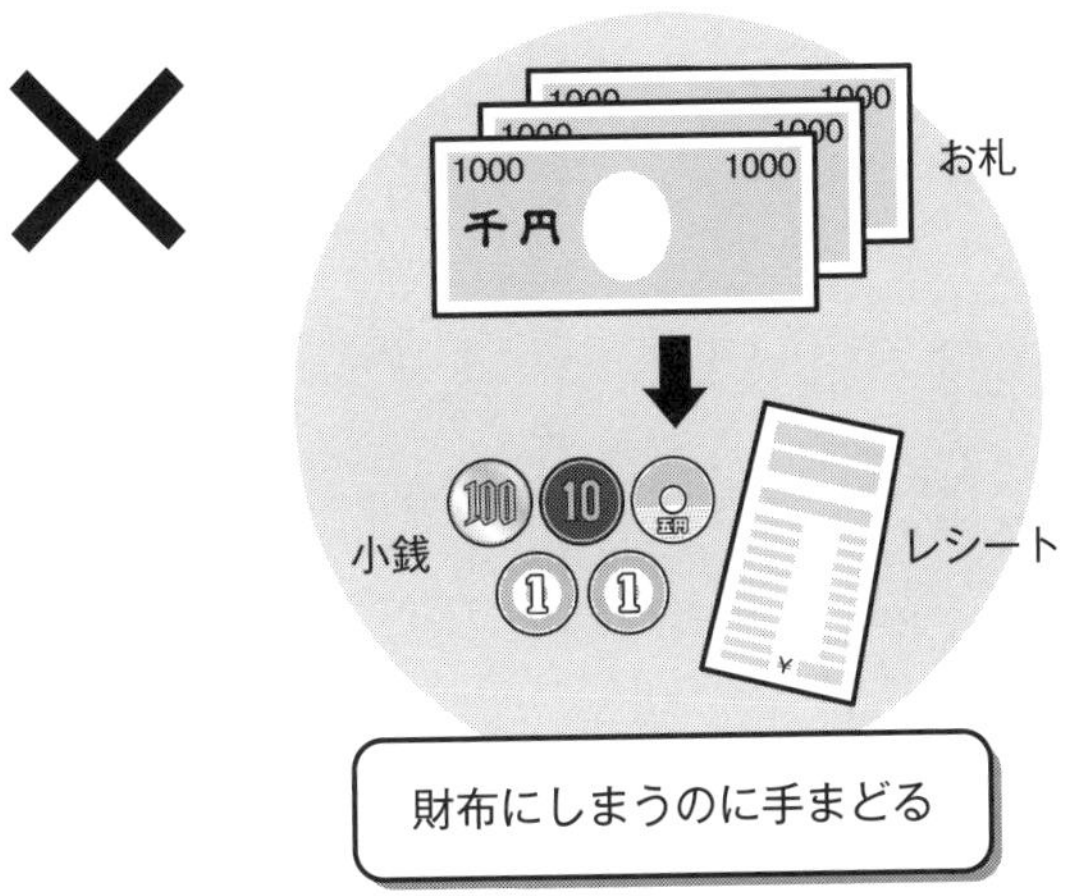

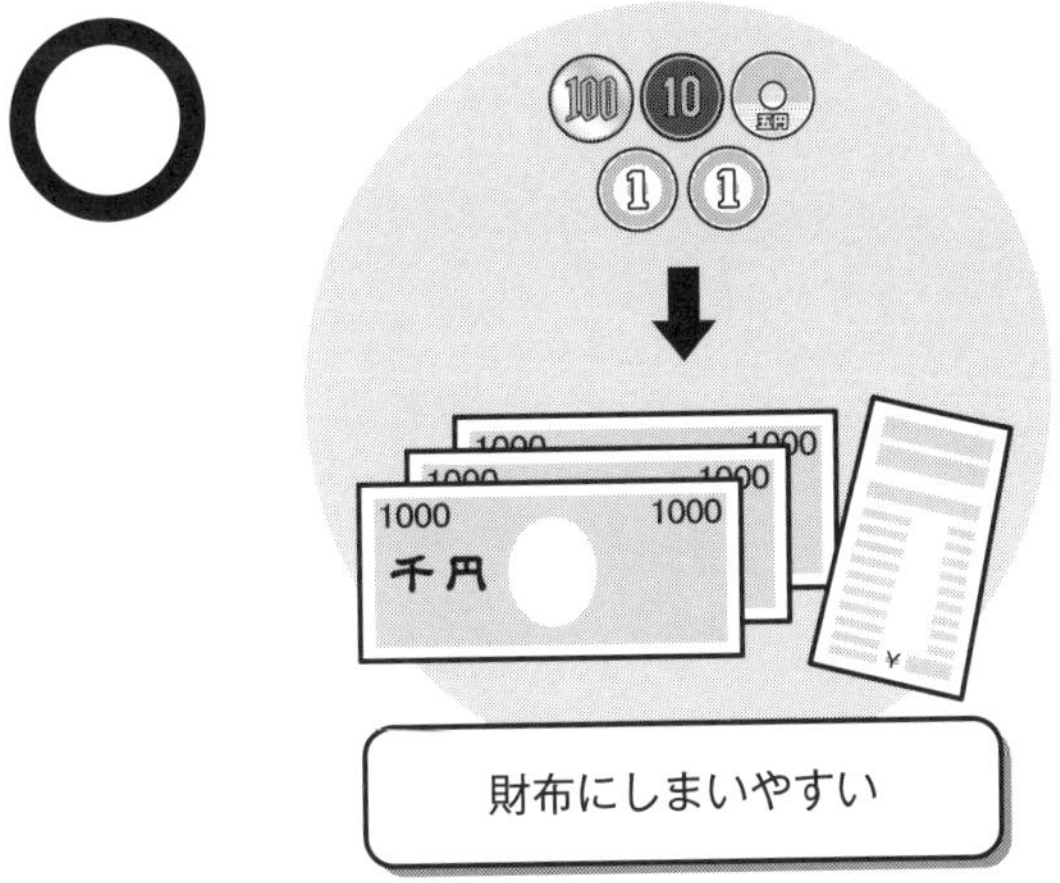

Tips
50 今日売ろうとしない

あなたがお客として接客を受けているとき、散々お話ししてもらって、試させてもらっても、買うに至らないことってありますよね。

そんなとき、販売スタッフが、残念そうな空気を出すことがあります。気持ちはわかります。だって、一生懸命に接客したのに、売れなかったわけですから。

しかし、**残念そうにされると、ただでさえ買わなかったことが申し訳ないのに、さらに申し訳ない気持ちになってしまいます。**

そうすると、自然とその店に足が向かなくなる、なんて経験、あなたにもありませんか。

重要なのは「今日売ろうとしない」ことです。それよりも、お買い物をするときに「必ず覗く店リスト」に入れていただくことのほうが大事です。

「今日買うかどうか」は、品揃えによって左右されるところがありますが、「その店に行くかどうか」は、どんな接客をされるか、入りやすいか、居心地がいいか、が鍵となります。何度も通ううちに、欲しいものが見つかれば、お買い上げいただけます。

▶ 50 お買い上げいただけなかったお客様への対応術

とにかく気持ち良く、感謝を込めて送り出す

声
表情
動作

お買い上げくださったお客様と同様にする

検討してくださった商品の品番を書いた名刺を渡す（基本）。プラスして、ポラロイド写真をその場で撮って渡せば、帰宅後も見ることができるので、検討し続けてくれる可能性が上がる。

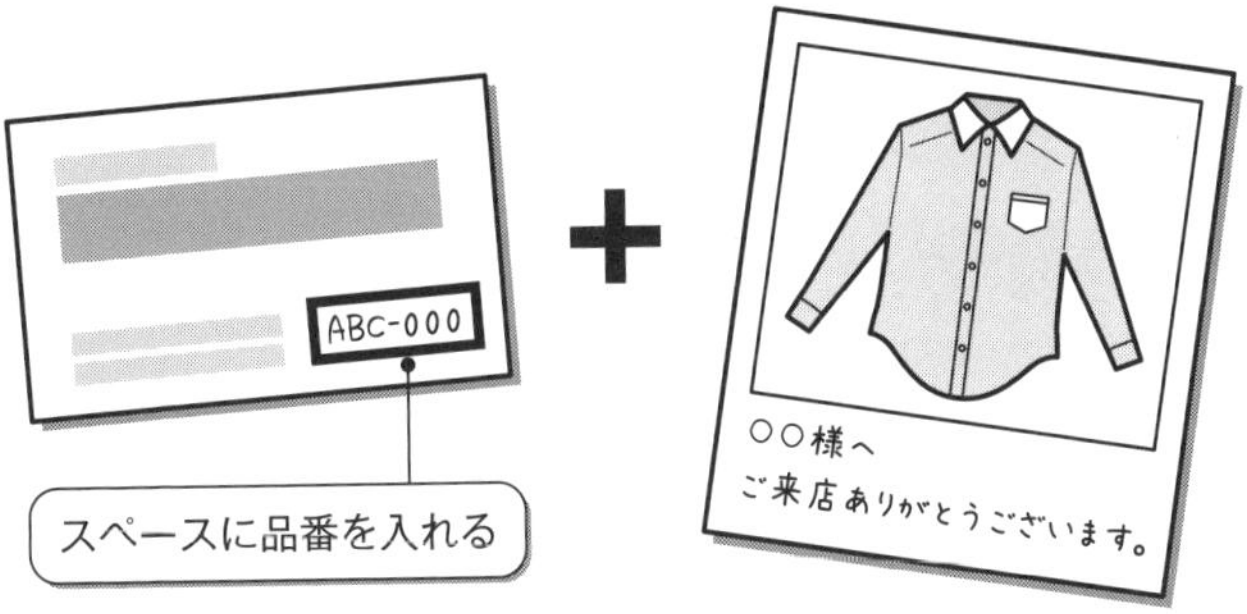

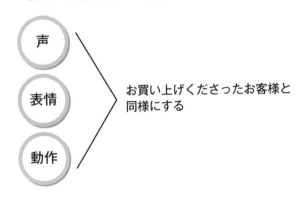

Tips
51
本音や裏事情を話す

わたしはよく、「接客業」は「接人業」だとお話しします。お客様は「大切に扱いたい人」です。その意味では、家族や友人やパートナーと、なんら変わりません。

あなたは、親しい人とはどんな関わり方をしますか。

わたしの場合、ごく限られた人には、腹の中にあるものを全部見せます。腹の中のことですから、「腹黒い」ような要素もありますし、他の人には言えないような秘密の話もあります。ごく親しい間柄においては、相手と自分の間に垣根や遠慮がないのです。

ですから、お客様にもあえて本音や裏事情などをお話しすることもいいと思います。「最近はあまり売れない。けど贔屓《ひいき》にしていただけてありがたい」とか、「今日は寒いから人がこない。そんな中でお越しいただけてうれしい」とか。親しくなれば、「実は彼氏と別れた」とか、「資格試験に落ちた」などという、ごく私的な話もいいでしょう。

「実は」という話をされて迷惑に感じる方は、そういないはずです。**「実は」の話をすることで、特別に大切に扱っているのだという意味を込める**こともできますし、気楽なつき合いができる雰囲気を感じていただけるのです。

▶ 51 本音で話していいこと、悪いこと

話がはずむ話題

基本的に自虐ネタはgood!

・実は、最近お客様に無視されてばっかり……ヘコみます。
そんなときに(お相手していただけるお客様は)神様みたい!

・実は、サイフを落として……
そしたら周りのスタッフがみんなオゴってくれて……。

・実は、ケイタイを失くして……
けど、友人関係が整理できて悪くないですね。

・実は、彼女（彼氏）にフラれて、
でも仕事が支えになってます！

・実は、この前身内が亡くなって……
存在の大切さを改めて感じました。

話してはいけない話題

基本的に自慢話　（※聞かれたら話せばいいこと）

・実は、この商品は売れているんです。
➡ だから何？　欲しいものを見つけたいのであり、売れてるものを買いたいわけじゃない。

・実は、結婚したんです。
➡ おめでとう、以外に返すコメントがない。

・実は、旅行に行ったんです。
➡ あとは感想を聞くしかない。

・実は、これ買ったんです（貴金属）。
➡ で？

Tips

52 やられたらやり返す作戦

ここでは、「お客様からお得意様になっていただくためのアイデア」や「お得意様とより深く関わるためのアイデア」についてお話しします。

お客様と会話をしている中で、お客様のお勤め先（お店にお勤めでしたら店舗名）がわかったときは、教えてくださったことにお礼を申し上げるだけでなく、**後日、必ずその会社やお店の商品を買ったり、サービスを受けたりします。**

そして、サンキューレターや次回の接客の中で、それをご報告します。サービスを受けて感じたこと、商品を使った感想など、できるだけ好感触だったことを見つけてお伝えするのです。

これは、お客様に媚を売るためなどではありません。**わたしたちのお店を利用してくださったことへの、ひとつのお礼の形です。**わたしはこれを「やられたらやり返す作戦！」と呼んでいます。

ご来店くださったこと、お買い上げくださったことがうれしかったのですから、それをそのままお返しすることは自然なことです。

▶ 52 お客様の「お客」になる

お客様のお客になることで、より関係が深くなる

相手がお店で働いているのなら、仕事に差し支えるといけないので、あえて、お客様がいらっしゃらないときにお伺いするのも気遣い。

Tips
53
店と個人のSNSを持つ

インターネットが普及する以前は、新聞、テレビ、雑誌などのマスメディアでしか、お客様と出会うことはできませんでした。しかし、今ではブログ、フェイスブック、ツイッターなど、個人がメディアを持つことになり「会社と個人」ではなく「個人と個人」としてつながることができる時代になっています。

ＳＮＳは、「友達との会話のために使っているので、仕事の話や自分の考えについては書きたくない」という人もいますが、考えてみてください。自分の仕事や店のことを、どうどうと書けないような人が、お客様に伝わる接客ができるでしょうか。

プライベートと仕事で、顔と言葉を使い分けている「裏表」のある人に、お客様は温かみを感じて、つき合いを続けようと思うでしょうか。

「どんな人間が、どんな思いでこの店を運営しているのか」を感じていただけるかどうかで、他店ではなく自店をご利用いただける確率が変わってきます。

自分の言葉で、自分の意見を言える接客が、お客様に響く接客です。それを日々、ＳＮＳ上でもできれば、接客のトレーニングにもなり、宣伝にもなり、一石二鳥なのです。

▶ 53 お客様へ発信する方法

インターネットの普及以前

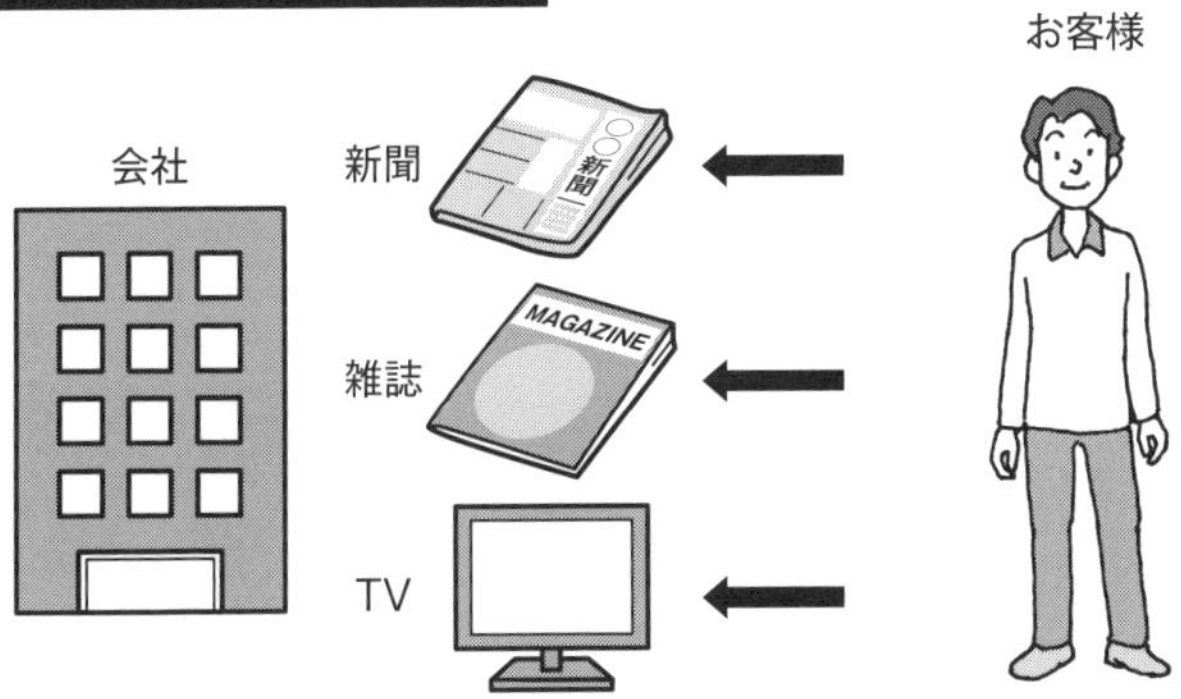

会社と個人のつき合い

インターネット普及後

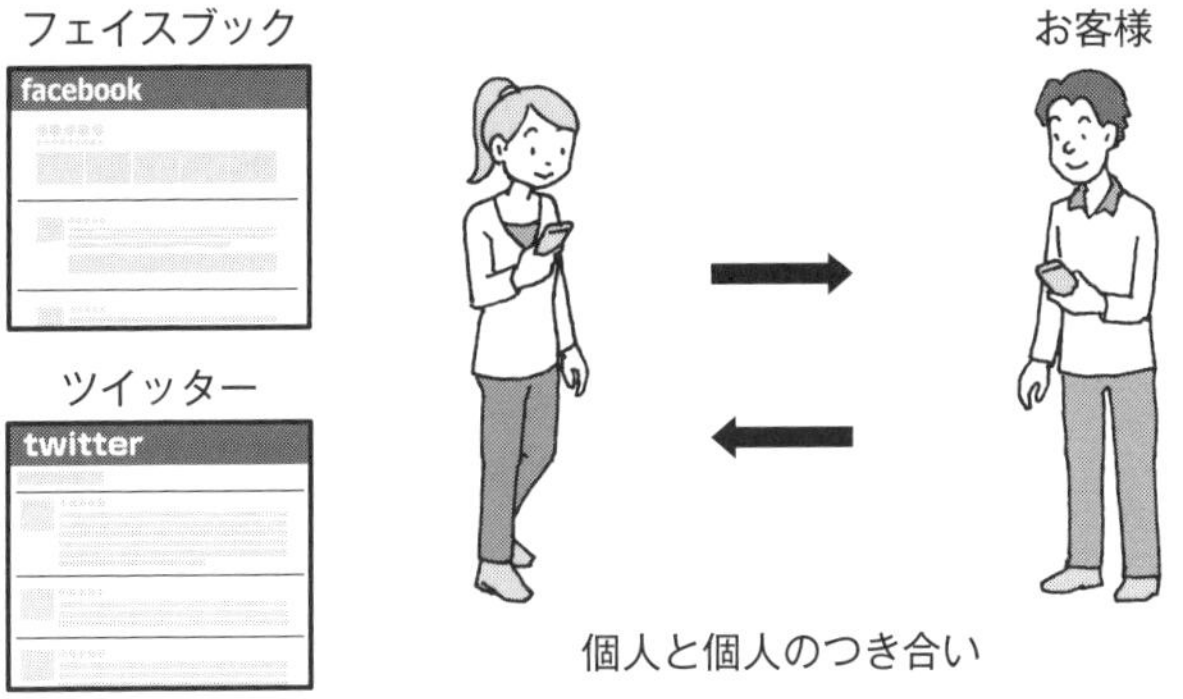

個人と個人のつき合い

> メディアでは語れない個人の思いが伝わる。

Tips

54 ときには店のルールを破ってみる

自分の店の商品を売る、というのはあたりまえのルールです。

しかし、売れる人は、そんなルールお構いなしに何でも売ります。**ときには他店にまでご案内して、他店の商品をすすめて、お客様に買っていただく**こともあります。

なぜそんなことをするのか？　それは「お客様の立場に立っているから」です。

「お客様の立場で」なんて、もはや耳にタコができそうなくらい何度も聞かされているフレーズだと思いますが、本当にお客様の立場に立てばこそ、お客様が欲しいかもしれないものは、何でもご紹介したくなるものです。

接客中に話題になった商品が、自分のお店で取り扱っていないのなら、すぐに探してメールやサンキューレターで「ここのお店にありましたよ」とお知らせしたりもします。

ルールを破ったからこそ、お客様との新しいつながり方が見つかることがあります。

ルールとお客様とどっちが大事か？

その答えは、もちろん「お客様」のはずです。自分の都合ではなく、お客様の視点から見て必要だと判断したなら、ルールを破ることもおすすめします。

▶ 54 自社商品がなければ他店を紹介する

お客様を他店に案内する

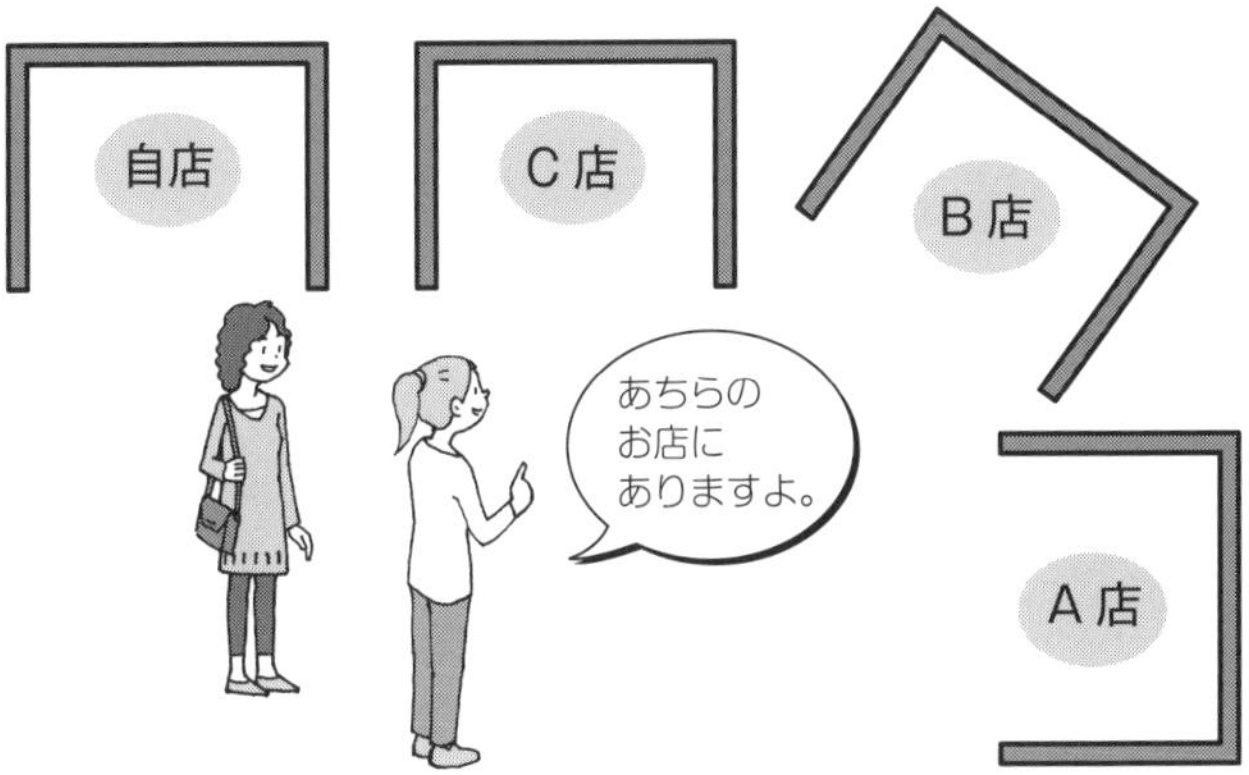

お客様に商品情報を提供する

メール

手紙

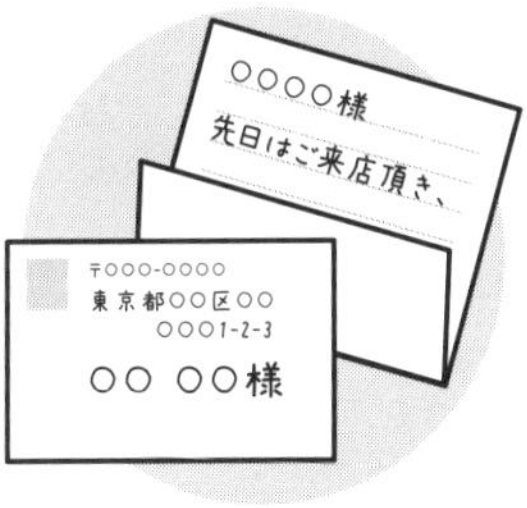

「お客様本位」でサービスする。

Tips

55

「ありがとう」よりも「いい買い物だった」ことを伝える

買い物をすると、「ありがとうございました」と言われるのは普通です。

しかし、売れる人というのは、少し違った言い回しでお見送りをしています。言葉は人それぞれですが、「いいお買い物をなさいましたね」といったニュアンスを含んでいるのです。

皆さんも自分がすすめた商品は、「いいものだ」という自信があるでしょう。それを同じように、お客様も「いいもの」と感じたくれたから、買ってくださったはずです。つまり両者にある思いは同じです。

それならば、**「楽しんでお使いください。わたしもお客様のような方に買っていただけてうれしいです」という気持ちを伝えましょう。**

売り手とお客様、という境目があるかぎり、いつまでもいらぬ気遣いや、いらぬ売り文句でしか、対話することができません。

でも、家族や親しい人が買い物をしたときなら、「いい買い物だったね」と言うでしょう。このような関係性を築ければ、お客様はリピーターになってくれるのです。

▶ 55 お客様の印象に残るフレーズを用意する

お客様といい関係をつくろう!!

△

ありがとうございました。

○

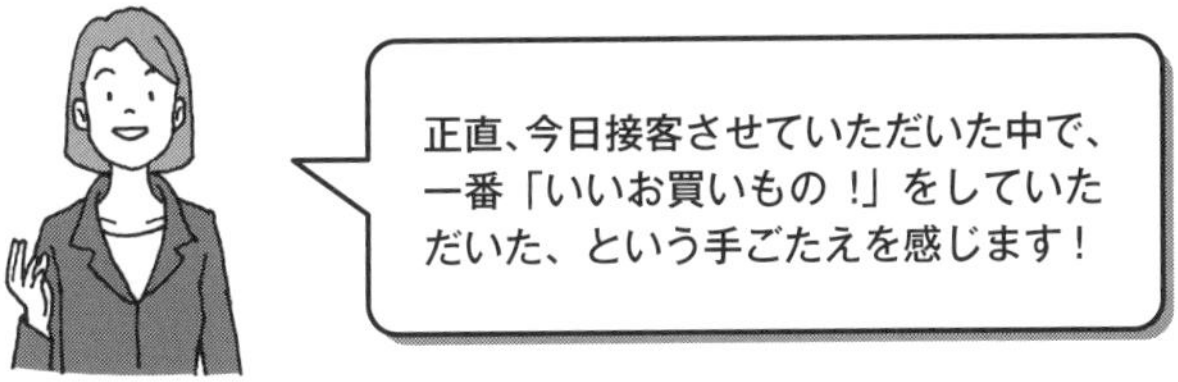
正直、今日接客させていただいた中で、一番「いいお買いもの !」をしていただいた、という手ごたえを感じます!

○

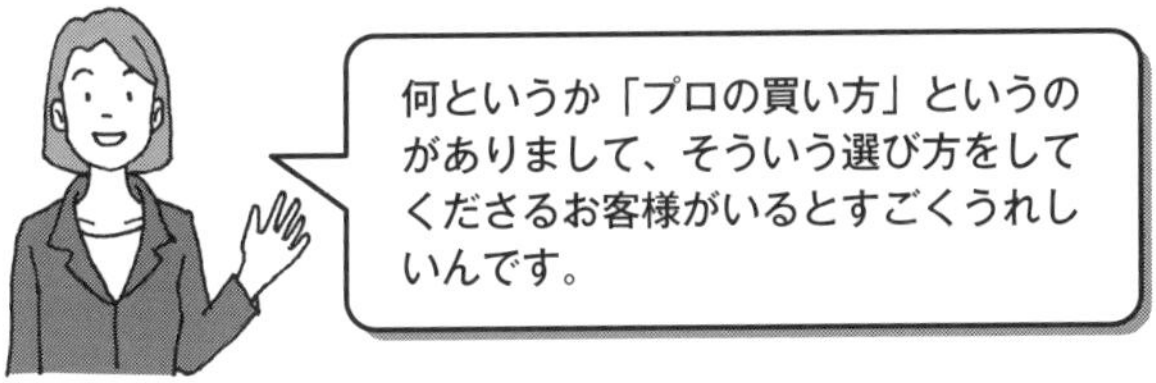
何というか「プロの買い方」というのがありまして、そういう選び方をしてくださるお客様がいるとすごくうれしいんです。

○

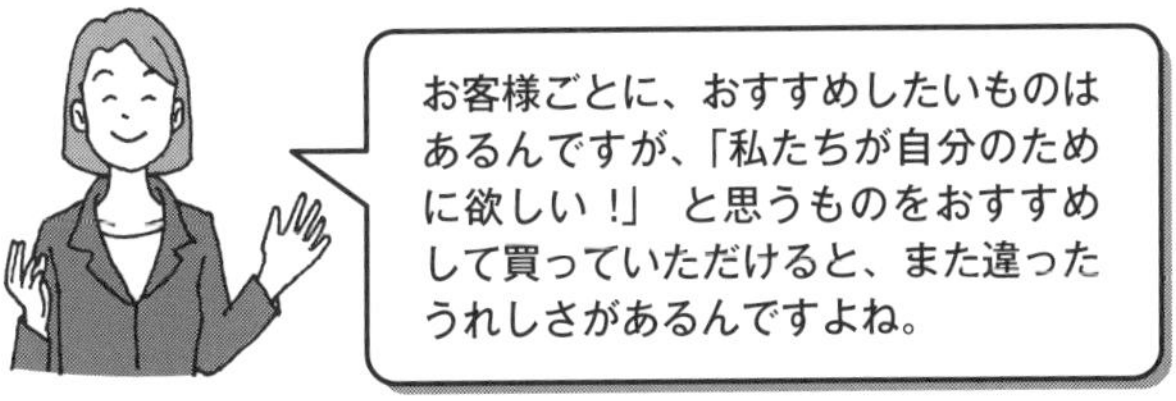
お客様ごとに、おすすめしたいものはあるんですが、「私たちが自分のために欲しい !」 と思うものをおすすめして買っていただけると、また違ったうれしさがあるんですよね。

Tips
56
「ありがとう」よりも「いってらっしゃい」で送り出す

「ありがとうございました」というお礼でお見送りすることは、何の間違いもありません。ですが「もっといいお見送りをしたい」と考えるのなら、どんな送り出し方が浮かぶでしょうか。

お見送りをするときは、「さようなら」ではなく「またお会いしたい」という気持ちもあると思います。しかし「ありがとうございます」だけでは、そのニュアンスが伝わりません。今回のお買い物のお礼をして、なんだかそこで終わってしまうような感じがします。

そこで、**再来店してもらい「おかえりなさい」を言えるような「いってらっしゃい」の匂いを漂わせる**のです。

わたしの場合は、**「お気をつけてどうぞ」などと言います。**または、「これからお出かけでいらっしゃいますか？　お荷物にならないように小さくいたしましょうか？」などという質問をしておいて、そのまま「いってらっしゃいませ」とお見送りすることもあります。

「また会いたい」という気持ちを込めて送り出すための、あなたオリジナルの言葉をぜひ研究してみましょう。

▶ 56 再来店に導くフレーズ

お客様に戻ってきてもらう

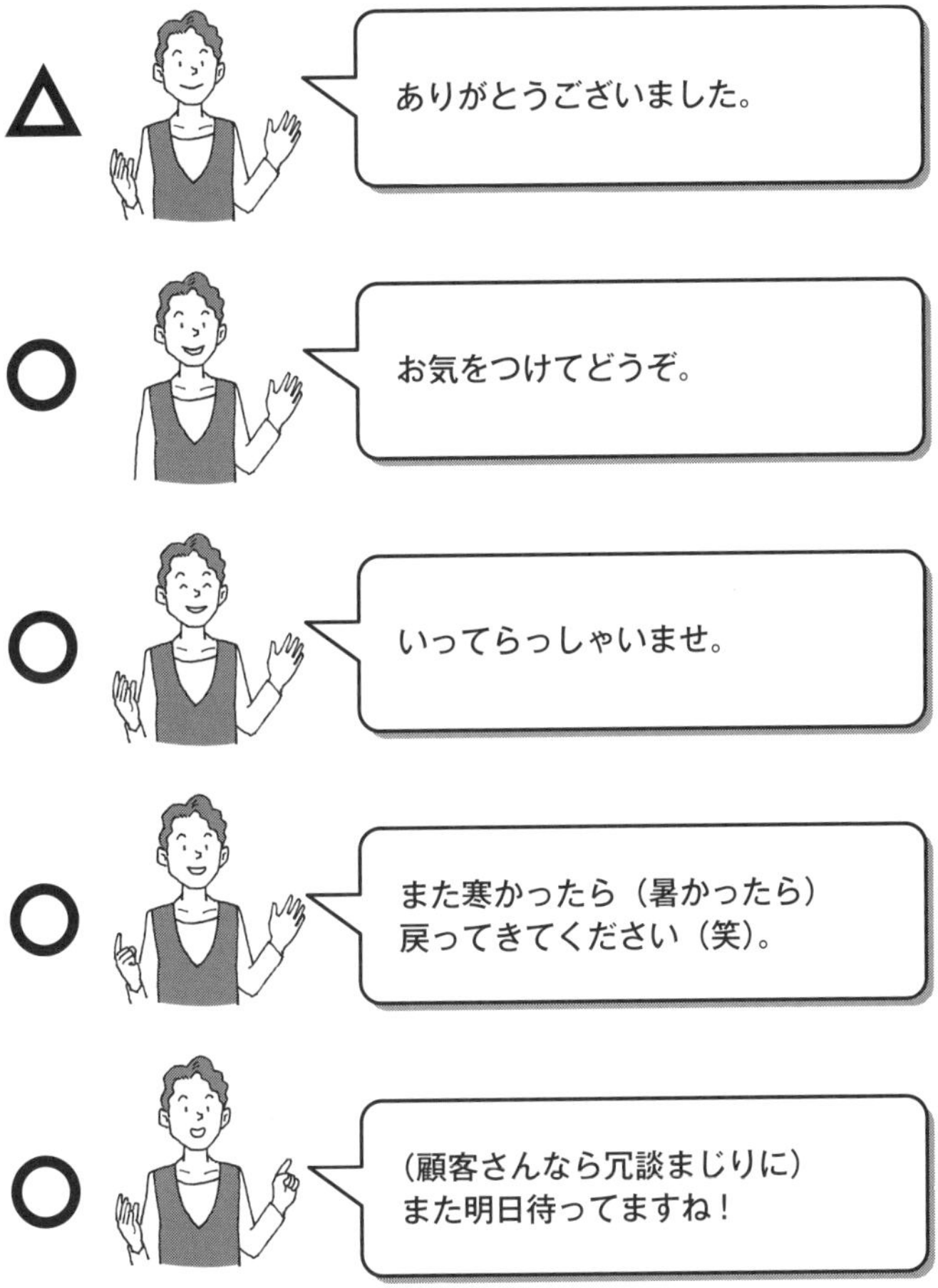

Tips 57

お客様に「数字」と「色」をインプットする

売れるお店では、お見送りのときに、ただ「ありがとうございます」というだけでなく、ひと言添えていることが多いです。

せっかく、ご縁ができたお客様です。また来店してもらい、お得意様になっていただいて、話の続きができれば、わたしたちの仕事もより楽しいものになります。

ですから、「またのご来店をお待ちしております」とだけ言うのはやめましょう。

その代わりに、

「○月の○週目くらいに、○○な商品が入ってきます。わたしたちもそれが結構楽しみで。今日お見せできたら良かったんですが……。今度この辺りを通りかかるようなことがおありでしたら、覗いてみてください。

どうぞ、お気をつけて。ありがとうございます。」

などというように、**日にち（数字）や商品の色などをお伝えすると、記憶にも残りやすいので、再来店の可能性が上がります。**

▶ 57 お客様と一緒に喜ぶ

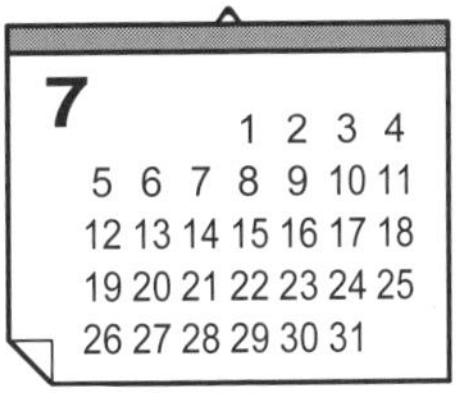

日にちを使う

・7月の2週目くらいから、ニューモデルが入ってきます。
・8月3日から1週間は、特別バーゲンを実施します。

色を使う

・赤、黄、青の信号機みたいな3色展開の○○が入荷します。
・白、黒、グレーのモノトーンなんですが、使い勝手の良さそうなものが揃います。

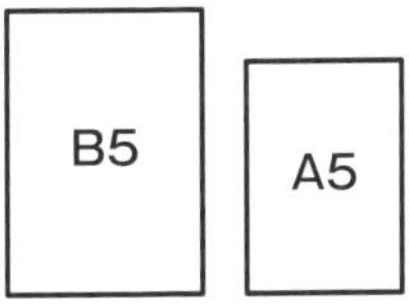

大きさを使う

iPad がちょうど入りそうなサイズのものと、A4 ファイルがすっぽり収まりそうなものが入荷します。

音を使う

・フワフワしてて暖かそうな感じのものです。
・ジャラジャラ着けるとカッコイイかと思っています。
・サラッとしてて使い心地が良さそうなので……。

Tips
58
「都合のいい女（男）」になる

物販の店は「昼間の水商売」とたとえられることがあります。

お客様の「必ず覗く店リスト」に入れていただけるということは、「行きつけ」にしていただけるかどうか、「常連」になっていただけるかどうか、と同じ意味合いです。夜のお店のように「日課のように寄っては一杯ひっかけて帰る」、そんな気軽なお店になれるところは、やはり売れています。

とはいえ、「うちのお店は、そんなに接客をするタイプじゃないんだけど」というところもあると思います。しかし、これは、わたしたちが接客をどのくらいするかの問題ではありません。お客様にとって、わたしたちの店がどういう距離感にあるかが、ポイントになるのです。

いつ行っても入りやすくて、見たいだけ見られて、居たいだけ居られて、帰りたいときに帰れる、そんな「都合のいい店」になりましょう。わたしたちが「都合のいいスタッフ」、もっと言えば「都合のいい女（男）」でいられるかどうかが、お客様が「行きつけ」にしてくださり、繰り返しご来店くださるかにつながるのです。

▶ 58 いつでも立ち寄れるお店になる

いつ行っても居心地のいいお店になる

入りづらいお店はNG

第6章

陳列・演出 編

Tips
59
お客様が入店しやすいレイアウト

入店口の陳列什器は、その配置しだいで売上を大きく左右すると言っても過言ではないほど、重要なポイントです。

簡単に言うと、**入店口の前を歩くお客様の動線に対して、「垂直に」配置しておくと効果的です。**

「商品を見せたい！」と思うと、どうしてもお客様が歩きながら見やすいように、銅線に対して「平行」に陳列をしたくなります。これは、確かに「歩きながら見やすい」のですが、「歩きながら見て、そのまま通りすぎてしまう」傾向が強くなります。

実際に、**入店口の什器配置を変えるだけで、入店客数が格段に伸びたケースは多くあります。**

ぜひ、ご自身のお店の入店口を見直すと同時に、お客様がよく入っているお店と、あまり入っていないお店を調査してみてください。また、お客様の立場でいろんなお店の前を歩いて、入りやすいお店と、そう感じないお店を比較してみてください。垂直か並行か、違いに気づくと思います。

▶ 59 入り口付近の什器の配置

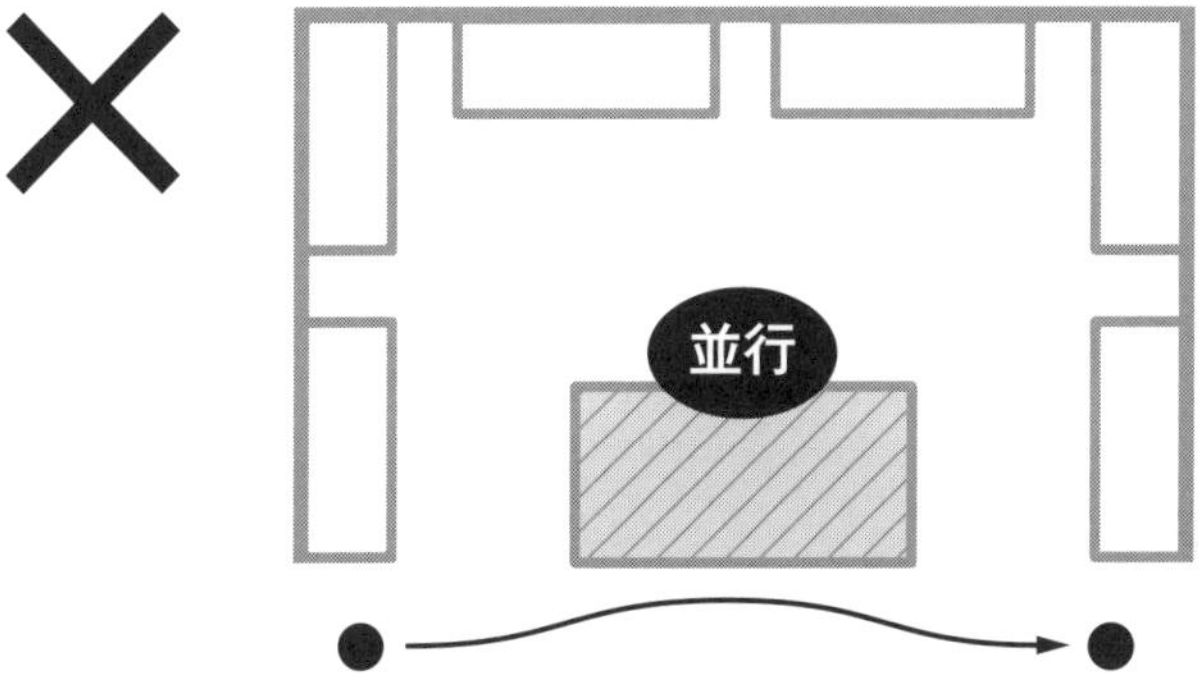

歩きながら見て、行ってしまう。

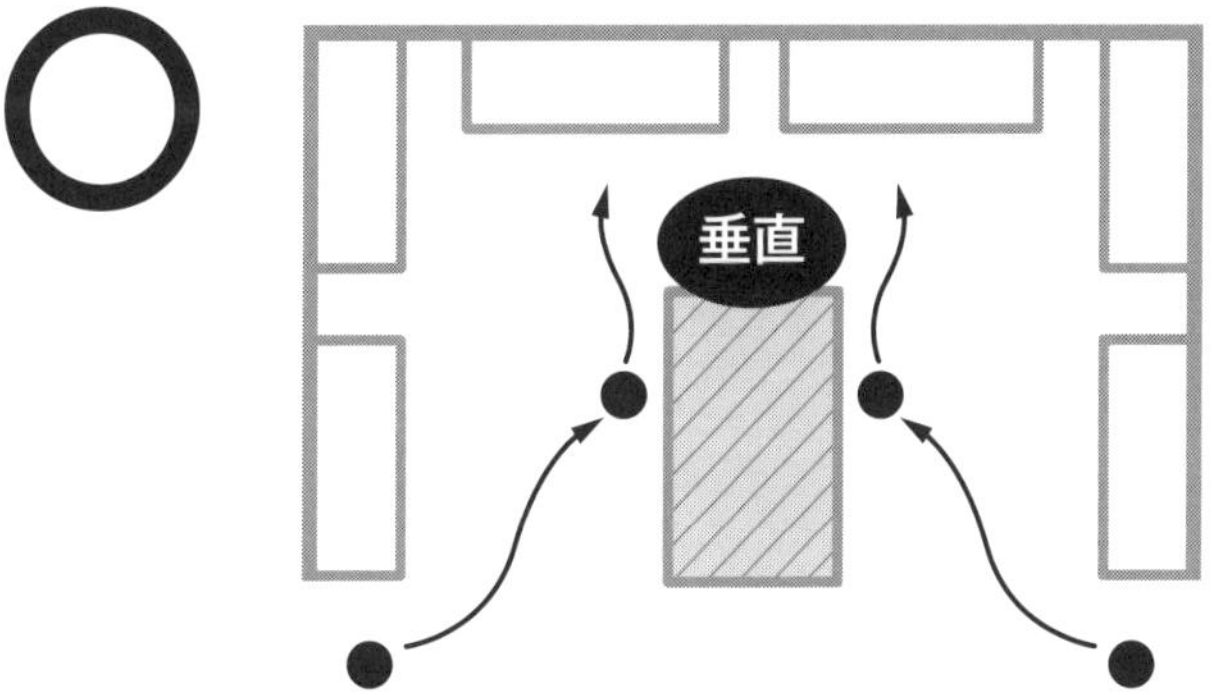

入店してから見る。
さらに奥へと回遊してもらいやすい。

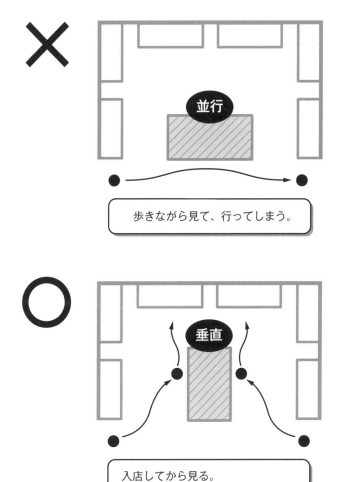

Tips
60
ヒマでも忙しそうにする

お客様がお店に入りやすくするために、販売スタッフはどのように待てばいいのか？

結論から言うと「忙しそうにしておく」ことです。**忙しくないときも小走りで動きまわったり、いそいそと商品整理してみたりすると、不思議とお客様が入ってこられることがあります。**

これには**「スタッフが忙しそう→売れているお店」や「スタッフが忙しそう→接客されずにゆっくり見られそう」**という図式があるのではないでしょうか。

自分がお客の立場のときを思い浮かべると、感覚的に理解しやすいかもしれません。スタッフが、ヒマそうにボーっと立っているお店には、何となく入る気がしないものではないでしょうか。ですから、その逆を演出するのです。

入店客数を増やすと言うと、店頭のディスプレイや陳列を工夫することに頭をとられがちですが、わたしたちの動きというのも、お客様にとっては視覚的にインパクトが強い要素です。ですから、わたしたちのパフォーマンスも活用して、入りやすい雰囲気づくりをこころがけましょう。

▶ 60 お客様が入店しやすいアクションをとる

身構えられると入りにくい

スタッフに動きがあると入りやすい

Tips
61 万引きされる店を目指す

「万引きされる店」などと言うと誤解されてしまうかもしれませんが、このような店は繁盛しています。

・欲しいと思う
・手に取りやすい
・スタッフに見られている感じがしない

という3つの条件がそろっているからこそ、万引きされるのですから。

目につくように陳列されているからこそ、「欲しい」と思っていただけますし、手を伸ばしやすい陳列がされているからこそ、手に取るに至るのです。スタッフに監視されているようでは居心地が悪くて仕方ありません。

アイドルに熱狂的なファンがいて、その一部に度を越したストーカーが出てきてしまうように、売れれば売れるほど、万引きされて当然とも言えます。**万引きもされないような店は、魅力がない、とも言える**のです。ですから、万引きされたら、セキュリティを見直す一方で、「これは売れるぞ」と自信を深めていいのです。

▶ 61 万引きされやすい＝繁盛店

お客様が買いたくなるようなお店の「３つの条件」

見られている感じがしない

手に取りやすい

欲しいと思う

Tips 62

棚の高さに合わせた商品陳列

商品棚の目の高さには、どんな商品を置いても、お客様はよく見ることができます。そこで、売りたい商品とか売れ筋の商品をここに並べます。

しかし、高いところや低いところには、置いたほうがいい商品と、置かないほうがいい商品があります。

棚の上のほうには、あまり大きな商品を置かないほうが無難です。というのも、頭より上に大きなものがあると、圧迫感が出てしまうからです。

また、**下のほうには、小さな商品を置くと目から遠く離れた場所になるため、小さい商品がますます小さく見えてしまうことになります。**すると、商品の特徴が読み取れなくなり、その商品のいいところも認識しにくくなってしまいます。

ですから、概ね**「上には小さな商品、下にいくほど大きな商品」**というように陳列しましょう。重心が下になり、陳列全体も安定して見えるため、ゆっくりと見ていただけるのでおすすめです。

▶ 62 大きいものは下、小さいものは上

Tips
63

「組み合わせ陳列」で眠った需要を起こす

例えば、ドラッグストアに行けば、シャンプーのコーナーのエンドにはヘアブラシやヘアゴムの陳列があります。シャンプーは日々減りますから頻繁に買われますが、ヘアブラシはひとつあれば、そんなに買われるものでもないでしょう。しかし「静電気を防ぐ」とか「つやつやストレート」などのコピーが見えたら、「使ったみたい」「欲しい」と思うお客様も出てきます。

よく買われるベーシックな商品のそばに、それと一緒に使えるものを陳列しておくと、一定の割合で興味を持ってくださる方はいるものです。

洋服ならデニムパンツの横にベルトを陳列することであり、コーヒー豆ならドリッパーやマグカップを陳列しておくことです。

どれも目新しい方法ではありませんが、意外とやらずに売り逃しをしているお店が少なくないのです。

あなたのお店では**「定番の商品」＋「一緒に使うもの」**の組み合わせで、眠った需要を掘り起こしていますか？　もう一度点検してみましょう。

▶ 63 関連性のある商品を近くに並べる

お客様についで買いをしてもらう

シャンプー ＋ ヘアブラシ

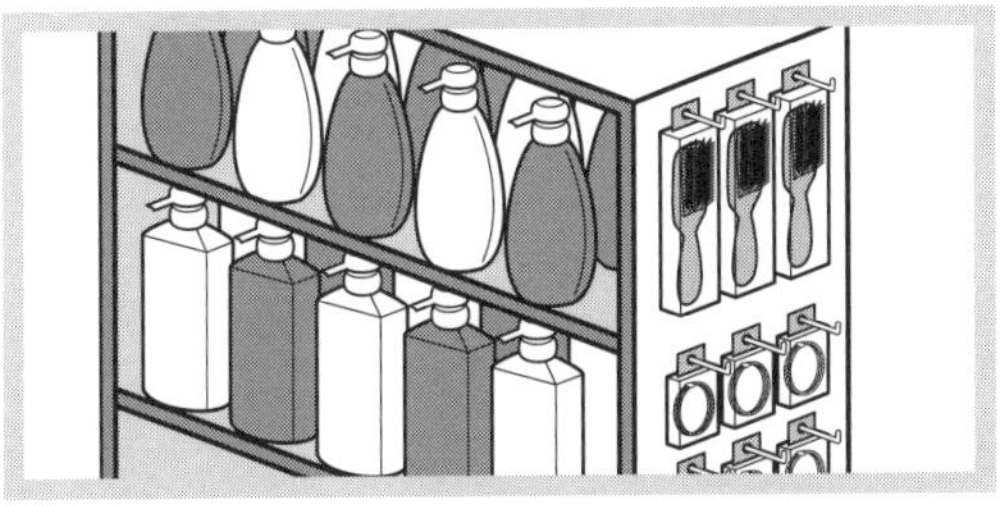

デニムパンツ ＋ ベルト

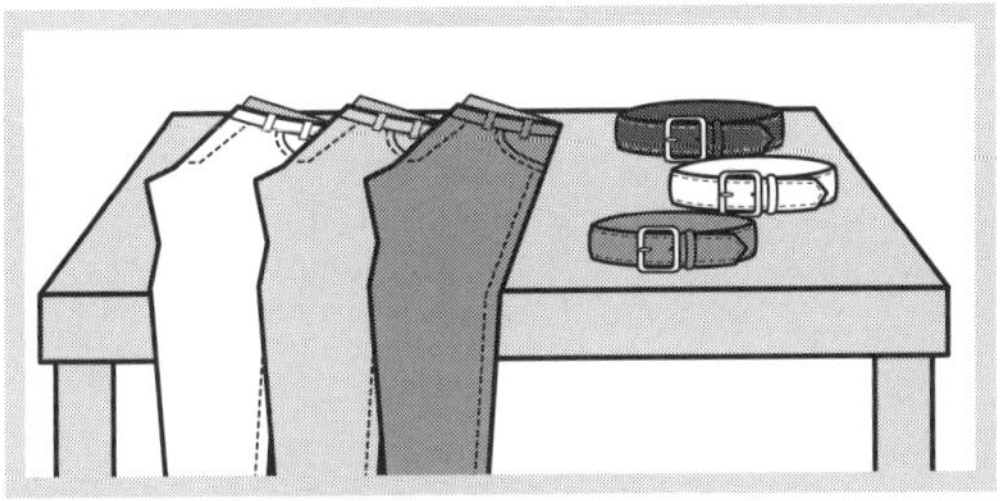

コーヒー豆 ＋ ドリッパー

Tips

64

「これはどこにありますか？」で陳列を見直す

お客様のほうから声をかけてくれて質問に答えるというのは、販売スタッフからすると、とてもありがたくうれしいことです。しかし、中にはそうも言っていられない場合があります。それは「これはどこにありますか？」という質問をされたときです。

ディスプレイして見せてあるのに、それを実際に手に取る陳列が見当たらなかったり、大きさ違いや色違いなどのものが、どこに陳列されているか分からなかったりするときに、この質問を受けることになります。

ディスプレイしてある「見る場所」と、商品が陳列してある「買う場所」は、必ず隣接していなくてはいけません。「いいな」と思ったら「これね！」とすぐに見つかる、そしてすぐに手に取れるという流れを止めてはいけないのです。せっかくおすすめしたくて、「見る場所」をつくっているのに、実際に「買う場所」が見つからなければ、お客様の気持ちは、他の商品に移ります。下手をすれば、他の店に移ってしまいます。

「これはここにあります！」と一目瞭然でお伝えできる陳列は、商品のアピールだけでなく、買いやすさのためのサービスでもあります。

▶ 64 ディスプレイの近くにその商品を陳列する

お客様に探させない

Tips 65 「あれもこれも売りたい」ではなく、「これを売りたい」を陳列する

お店の品揃えの中で「どれが売りたいか？」と聞かれれば、「全部売りたい！」というのが商売人の心情です。だからといって、その気持ちをそのまま陳列で表現させてしまうと、大変なことが起きてしまいます。

例えばあなたが、インテリア雑貨を販売しているとします。おうちの中で使うさまざまなアイテムをそろえていますが、バスグッズもキッチングッズも売りたいからと、それらを一番売れる場所で混在させて陳列しておいたら、どうでしょうか。

お客様が、何に使う商品か困惑してしまう可能性や、どちらかのカテゴリーにしか注目していただけない可能性があります。

お店の中でもアピール力のある場所を使って「これを売りたい！」という商品を打ち出すわけですから、**「あれもこれも」と複数を混在させるよりも、ひとつに絞り込んで「これです！」と言い切る潔さが必要**です。

お客様に対して、視覚的にアピール力が高い陳列を構成しましょう。

▶ 65 同じカテゴリーで展示する

展示する商品は統一感を出す。
ゴチャゴチャしているとお客様には何が売りだか伝わらない。

Tips
66
回遊性をアップさせる陳列

入店していただいたお客様には、店内に少しでも長く滞在していただいて、1点でも多くの商品に目を向けていただきたいものです。そのための効果的な陳列方法があります。ずばり「小さなお店をつくる」ことです。**1件のお店の中に、小さなお店を数件つくる考え方で、店内の商品をグループ分けします。**

例えば、インテリア雑貨のお店なら、キッチン用品店、バストイレ用品店、ガーデン用品店、といったように、用途別にくっきりとお店の中を分けていくのです。すると、左を見ればキッチン、右を見ればバストイレ、というように、**「いろんなものがあるんだなと感じていただける**のです。それが「お店の中を全部見てみよう」という気持ちになり、回遊性のアップにつながるのです。

ともすると、「これは売りたいから」といって、ひとつの商品が店内の数箇所に陳列されていたりすることがありますが、これだと「どこを見ても同じ」ように見えてしまい、回遊性が下がり、滞在時間が短くなってしまうのです。「小さなお店」に区分けすることで、くまなく見たくなるお店づくりを心がけましょう。

▶ 66 店内に小さなお店をつくる

△か×

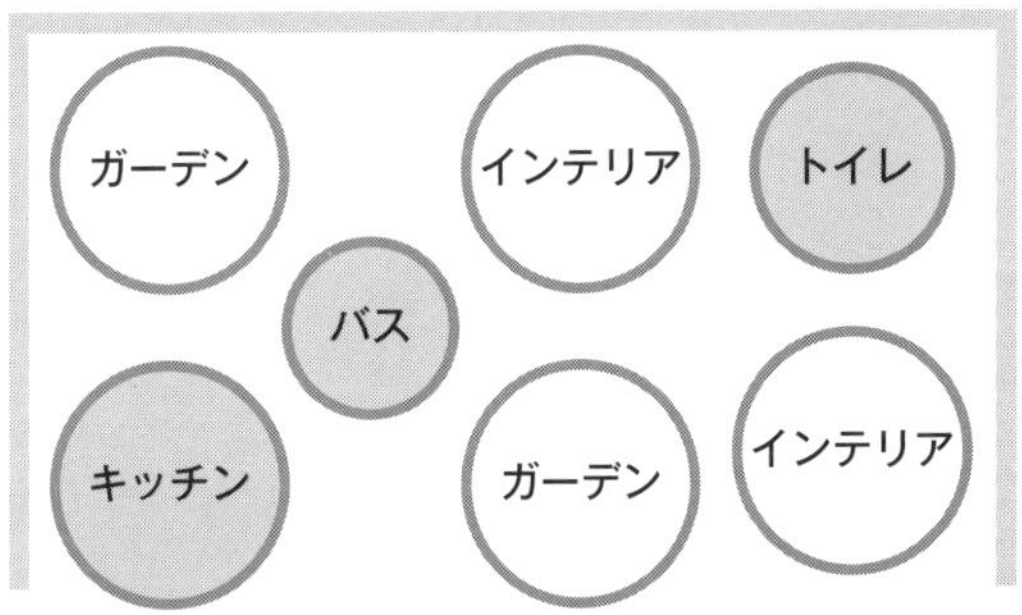

「……あれ？　また同じのがあるよ。同じものが何カ所にもあるってことは、品揃えが良くないのかな？」と思われる。

○

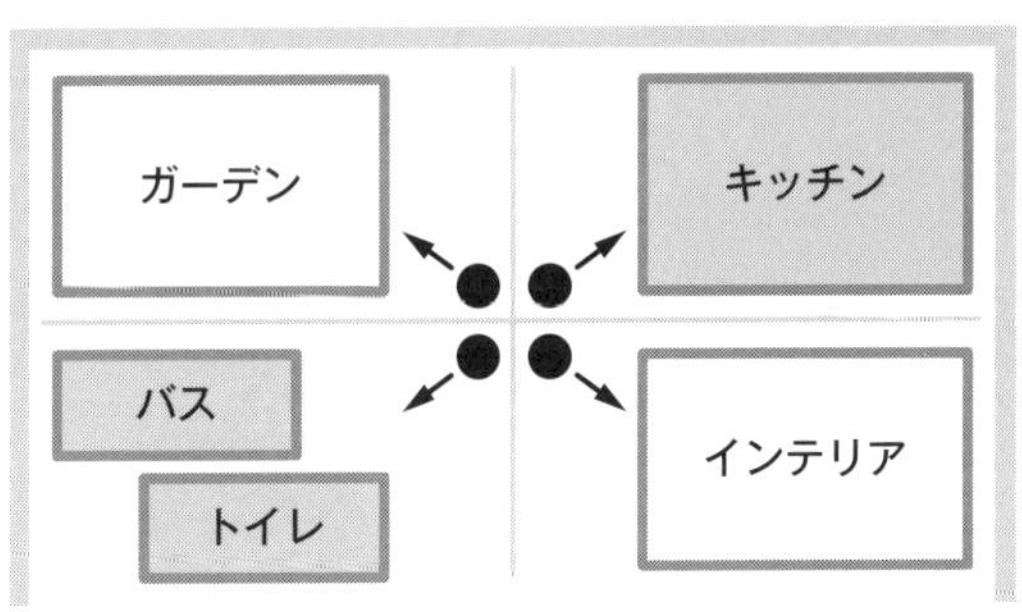

見る方向を変えるたびに、違う商品郡が目に入るので、「いろいろあるんだなー」、「こっちにはこんなのもある！　あっちは？」と全部見て回ってもらえる。

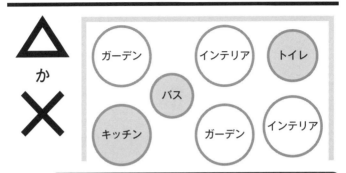

Tips

67 定番商品は隠しておく

お客様が「お店に行けば、当然あるだろう」と思っている商品は、あえて目立たない場所に陳列しても大丈夫。安定して売れていきます。

アディダスでは、３本ラインのベーシックなジャージが、あえて店の奥のほうに陳列されていることがあります。

化粧品ブランドなら、看板商品になっているものなどが、やはり店の奥にひっそりと陳列してあったりします。

探してでも買っていただけるものや定番商品には、特等席を与えなくても構いません。その代わりに、売れる場所、売れる什器には、「これから売っていきたい商品」をアピールするのがおすすめです。

過去の売上を支えてくれたものや今売れているものは、これからもずっと売れるかというと、実のところわかりません。ですから、未来の売上をつくってくれるかもしれない新しい看板を掲げておくことが必要なのです。

▶ 67 誰でも知っている商品は後に

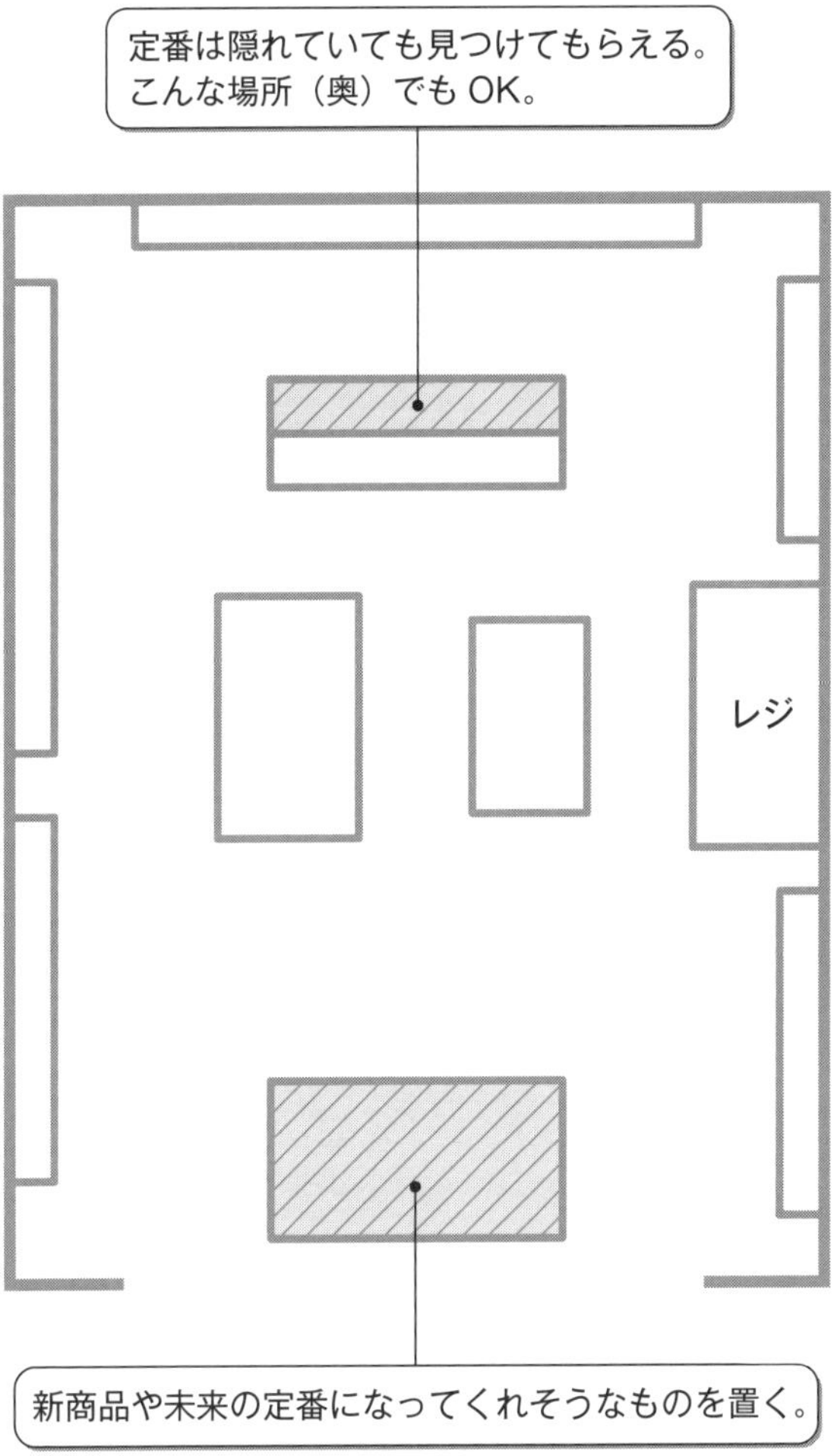

Tips
68
いつも違う顔に見せる

「どのくらいの頻度でディスプレイを変えたらいいですか？」というご質問をいただくことが多いのですが、そのときは**「いつ見ても、違うと感じていただける頻度**でいいですよ」とお答えしています。

「いつ見ても違う」の**「いつ」というのは、立地によって変わってきます。**

例えば、スーパーなどが近くにあったり、駅が近くにあったりして、毎日のようにお店の前を通る人が多い、という立地の場合には、毎日に近い頻度で変えることをおすすめしています。

また週末にファミリーでご来店があるような立地なら、週1回程度でいいでしょう。

お得意様中心で、月に1回程度のご来店という場合には、2週間に1度リフレッシュしておけば十分です。1カ月ともなると、気候が変わったりしますから、2週間に1度は見直していくのがおすすめです。

日々「この商品は、どうやって、何と組み合わせて見せたら魅力的に見えるかな」と研究し、それを実際に展開してみる、という繰り返しの中で、売れるパターンが見えてきます。

▶ 68 ディスプレイを変えるスパン

毎日のように人が通る立地なら（スーパーの近くや駅ナカなど）

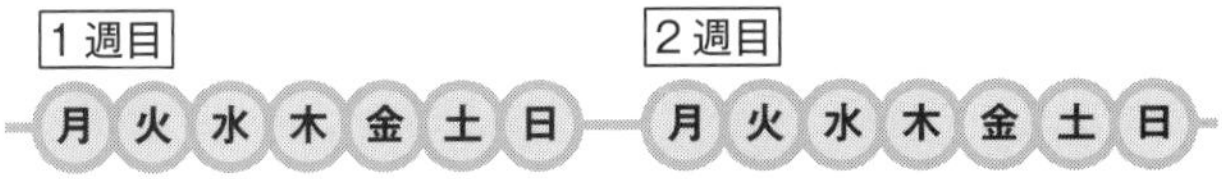
1週目
月 火 水 木 金 土 日
2週目
月 火 水 木 金 土 日

毎日～2、3日に1回

週末に混み合うような立地なら（モール、デパートなど）

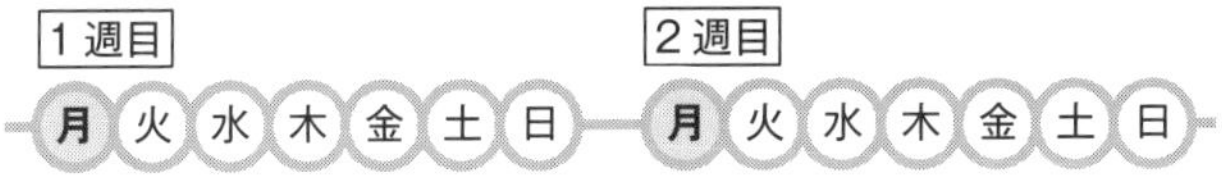
1週目
月 火 水 木 金 土 日
2週目
月 火 水 木 金 土 日

週1回

わざわざ足を運ぶような立地なら（観光地など）

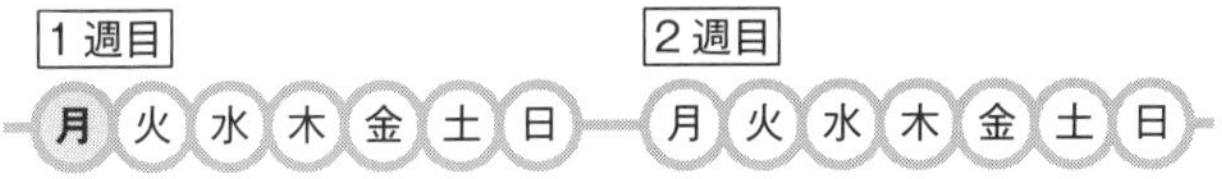
1週目
月 火 水 木 金 土 日
2週目
月 火 水 木 金 土 日

2週に1回

2週間以上空けると、気温や季節感が変わる。
2週間で1回くらい変えないと売る側も飽きてしまう。

Tips
69
売れない人、売れない店の「ふり」をする

よく「できの悪い子ほどかわいい」などと言いますが、「ダメな人」には特有の魅力があります。できる人もいいですが、**できない人、に思われることもひとつの魅力アピール法です。**演出ではなくても、

「今すごくヒマなので、ゆっくり遊んでいってください」

などと言えば、お客様にリラックスしていただくこともできます。

「この商品、わたしは個人的にすごくいいと思うんですけど、なぜか流行のものに人気を奪われていて……。でも、こういう定番がやっぱり使えると思うんですよ。なんておすすめしたら、人気出ますかね」

などと、**売り方を相談してしまう**こともあります。

いつも「いいですよ」「買いですよ」と「押す」ばかりでは意外性に欠けますし、他店の接客となんら変わりません。「引く」トークは、お客様を喜ばせる面白さのひとつや、サービスのひとつになります。

売れない「ふり」は、ダメキャラを演出し、身近に感じていただけるひとつの手法です。

▶ 69 お客様から声をかけてもらいやすくする

➡ ピシッとしたかっこう

➡ すまし顔

とても
いい商品です。
私がおすすめ
いたします。

⬇ スキを与える

➡ 少しくずしたかっこう

➡ 笑顔

ヒマなので
いつでも声を
かけてください。

いつもダメキャラでなく、「ときどき」だから効く。
ギャップ萌え。

Tips 70

「出し切れない店」を演出する

接客トークも重要なサービスのひとつではありますが、やっぱり品揃えがいいことも、ひとつのサービスとして欠かせません。

店舗の器の大きさのわりに、あふれかえるほどの商品が在庫としてある場合もあるでしょう。それとは逆に、時期によっては品薄になっていることもあると思います。

しかし、どちらにしろ、どんな在庫量のときであっても、**「出せていないものもありますので、何かありましたらおっしゃってくださいね」などと、声かけするの**です。

実際には全部の商品を陳列してあり、ストックには何もないとしても、こんなふうに声をかけておくと、お客様は「何かあれば聞いていいのね。でも売り込まれないのね」と、安心して店内に滞在することができるのです。

ときには**「嘘も方便」**。お客様に安心を差し上げるための演出として、「出し切れない店」になることもひとつのアイデアです。

▶ 70 お客様がリラックスできるようにする

どちらの場合でも使える

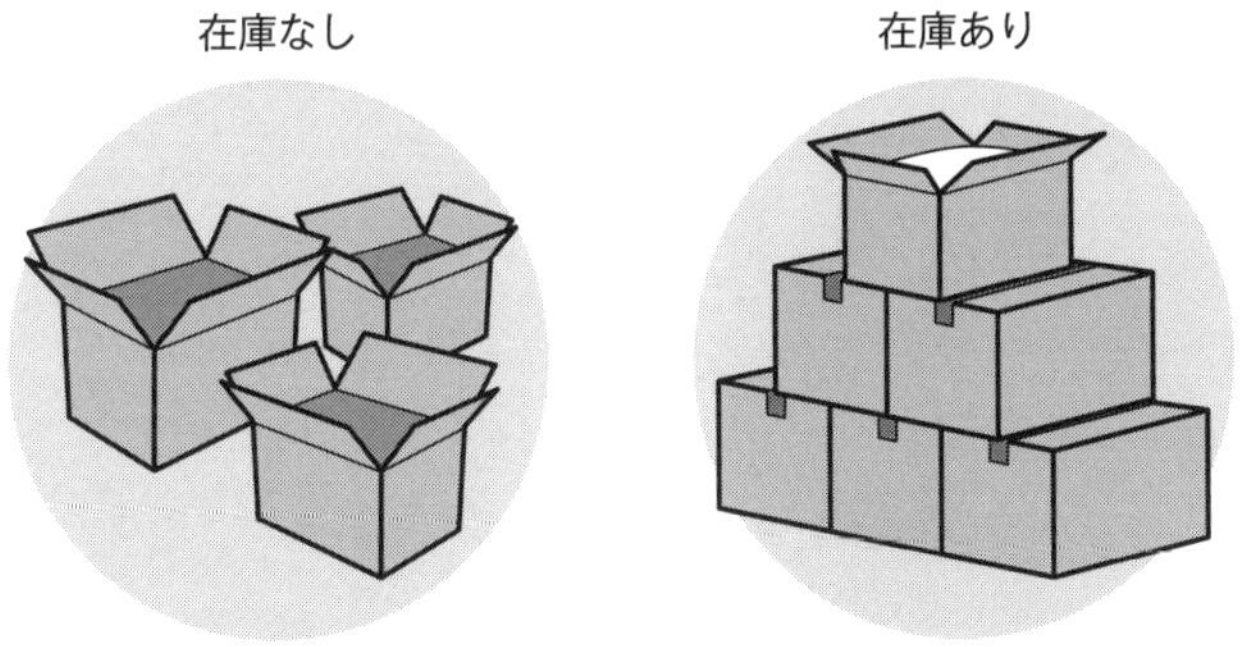

第7章

日々の心得 編

Tips
71
モチベーションは無理に上げない

モチベーションに関する悩みは、大きく分けて2種類あります。ひとつは「自分のモチベーションが上がらない」という悩み。もうひとつは「部下のモチベーションを上げたい」という悩みです。

まず、自分のモチベーションに対する悩みの解決法ですが、結論から言うと、「**モチベーションなんか上げようとしない**こと」です。

考えてみてください。すでにやる気が出ないくらい、悩んだり、疲れたりしているのです。そこへ「やる気を起こせ！」と自分のお尻を叩いたところで、さらに疲弊して落ち込んでしまうでしょう。

まずは「モチベーションが下がっているな」と、じっくりと認めること。そして、開き直ってしまうことです。

売れないときに「開き直る」なんて、難しいと思うかもしれません。

しかし、悩んだって開き直ったって、昨日までの売上は変わらないのです。悩んで、気が重くなって、数字を見ては眉間にシワを寄せて……それでは、いくら笑顔をつくったとしても、つくり笑顔にしかならないのです。

「今日が最悪！　あとは上がるしかない！」と上を向いてしまえば、怖いものはありません。

自分のモチベーションは上げない、これが売上アップへの近道です。

そしてもうひとつ、**部下のモチベーションを上げたいときには、放っておく**ことです。

一般的には、やる気が起きそうな言葉をかけたり、慰めたり、同情したり、叱咤激励したり、という何らかのケアが必要と言われています。

しかし、現実では、これらのケアが、より部下の自信を失わせるもとになっているのです。「元気づけられなくてはならない自分」、「叱責されるような駄目な自分」を認識してしまい、さらに迷宮入りしていく可能性があります。

もし声をかけるとすれば、

「今、確かに低迷しているけど、〇〇さんのことだから、心配してないよ。困ったときは何でも聞くし、やれることは何でも手伝うから」

くらいにしておきましょう。

自分の力を忘れている人に、それを思い出させるきっかけを、与えてあげるだけでいいのです。


そして、お店の全員で、具体的にアクションを起こします。

「売れないときは、時間があるってことだから、そうだ！　あれをすませてしまおう！」などと言って、いつもお掃除ができないところまでやってみたり、ストックをもっと見やすく整理したりします。


お店を「もっと良くできないか」という思考に持っていくことで、接客も「もっと良くしたい」という思考にさせて、売れないことに思い悩む隙をなくすのです。

▶ 71 いつの間にかモチベーションが上がる方法

自分のモチベーションが低い場合

ここまで悪ければ
上がるしかない!!

開き直る

部下のモチベーションが低い場合

お店を良くすることから
はじめる。それが接客が
良くなることにつながる

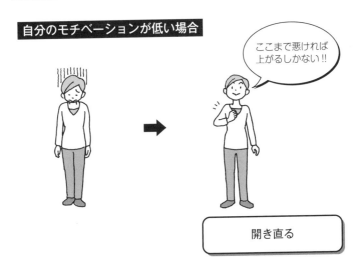

Tips
72
「売れない日」はない、「売らない日」があるだけと考える

お天気も晴れたり曇ったりするように、商売をやっていれば、売れる日ばかりでなく、どうしても「売れない日」というのはあるものです。

売れない日、どころか「売れない週」「売れない月」もときにはあったりして、胃の痛い思いをすることも。

思いつめてしまい、お店を辞めたくなってしまうくらい、辛くなることもあるでしょう。

しかし「売れない、売れない」と伏せっていても、売上は上がりません。

そこで発想の転換をしてみます。

「売れない」ということは、
「お店がヒマ」であるということは、
「時間がある」ということ。

売れているときは、忙しくてどうしても時間に追われています。でも、売れていないときは、時間があるわけですから、その時間を存分に活用することを考えるのです。

「時間ができたらやろう！」と思っていた業務を片づけるというのもひとつの手です。それが意外とお客様を呼び、売上に直結したりもします。

ご無沙汰しているお得意様に手紙を書くなども、心落ち着けるときにしか、なかなかできないものです。

商品の写真を同封したり、手書きのイラストを入れてみたりすることも、忙しいときは最小限になってしまいがちです。手の込んだことができるのも、時間があるからこそのことです。

また、売れないときというのは、心身ともに疲労するものです。スタッフ全員で、少し長めに休憩をとってリフレッシュする、というのも有効な時間の使い方です。

売れていないときというのは、どうしても「どうしたら売れるんだろう」と頭で考えてしまいますが、考えてわかることなら、すでにやるべきことを発見し、手をつけていることでしょう。

悩むというポーズをしたところで、売上は生まれないどころか、さらに疲れてしまうだけです。

売れない日は、あえて「売らない日」なのだと考えて、今日は「○○の日にしよう」と銘打って動きはじめましょう。そうしたら、ショップの空気が変わり、その日から売れるようになった、なんていうこともあるものです。

大事なのは、現実を踏まえた上で、どんなアクションを選ぶかです。何でもやってみなければ、それが有益なのか無駄なのか、経験として知ることはできません。

もし、「売らない日にしてしまう」という選択をまだしたことがないのなら、ぜひ試してみてください。それもまた、学びになります。

▶ 72 ヒマな時間を有効利用

時間を有効に使えば来客につながる

売れない日

↓

売らない日

手紙を書く

そうじをする

デスクワークをする

・顧客カードの整理
・伝票などの作製
・備品の発注　など

ミーティングをする

店長と個別に行う。
売れないことをなんとかする話題ではなく、最近困っていることない？
などのケア

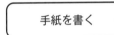

Tips

73

クレームは早く忘れる

「お客様に塩をまく」などと言うと怒られるかもしれませんが、これはあくまで心得の話です。

お店をやっていれば、あるパーセンテージでクレームが発生するのは自然なことです。こちらに明らかに非がある場合、できるかぎりの対応をすることに集中しなくてはなりません。しかし、中には、言いがかりのような、理不尽なことを言うお客様も、残念ながらいらっしゃいます。

そのような場合、担当者は深く傷つきます。しばらく仕事が手につかないということもあるでしょう。日ごろから心を込めて、真面目に仕事をしている人ほど、何でも真摯に受け止めてしまうものです。

クレームや「お客様の声」というのは、確かに重要視すべきものではあります。ですが、この**「声」の取り扱いを誤ると、さらにクレームを呼んでしまう**ようなこともあります。

例えば、お客様が１００人いらっしゃるとして、その中の一人の「声」に対応するために、商品の品揃えを変更したり、サービスや接客の仕方を変えたりしたらどうなるでしょう。もしかしたら、残りの99人のお客様の中から、不満を覚える方が出てきてしまうかもしれません。

そして、その不満に対応するためにまた策を講じるのでは、だんだんと自分たちの店のあり方、接客のあり方を見失ってしまいます。

結果的に、良好な関係を築けていたはずのお得意様や、支持してくださっていたファンのお客様との関係まで、おかしくなってしまいかねないのです。

商売だけでなく、人間関係でもそうですが、**１００人の相手がいて、１００人から好かれるというのは至難の業**です。

たとえそれができたとしても、「自分らしさ」や「個性」を見失っては、何のための人間関係なのかわかりません。

嫌われることがあったとしても、こちらの良心に基づいてした行動や言動であれば、わかり合えない相手がいても仕方がないのです。それが、わたしたちのあり方なのですから。

大切なのは、**ひとつの目立つ事象に振り回されて、自分や自分たちのスタイルを見失わない**ことです。

一人ひとりのお客様に真摯に向き合うために、わたしたちが日々語っている「言葉」「動作」そしてそれを生む「精神」は、他店や他の人と違うからこそ、お客様にも特別に感じていただけるし、そこに特別な関係性が生まれるのです。

何よりも、大切なのは「今」です。「今」目の前にいるお客様に、全力で大切に接することです。

クレームに対して、心を込めて、でき得る対処をしつくしたのなら、あとは「過去」の経験としてありがたくストックさせてもらうのです。

そして自分の心の中に塩をまき、心新たに、今ここにいるお客様にできるかぎりの接客をしていきましょう。

▶ 73 お客様のクレームに左右されすぎない

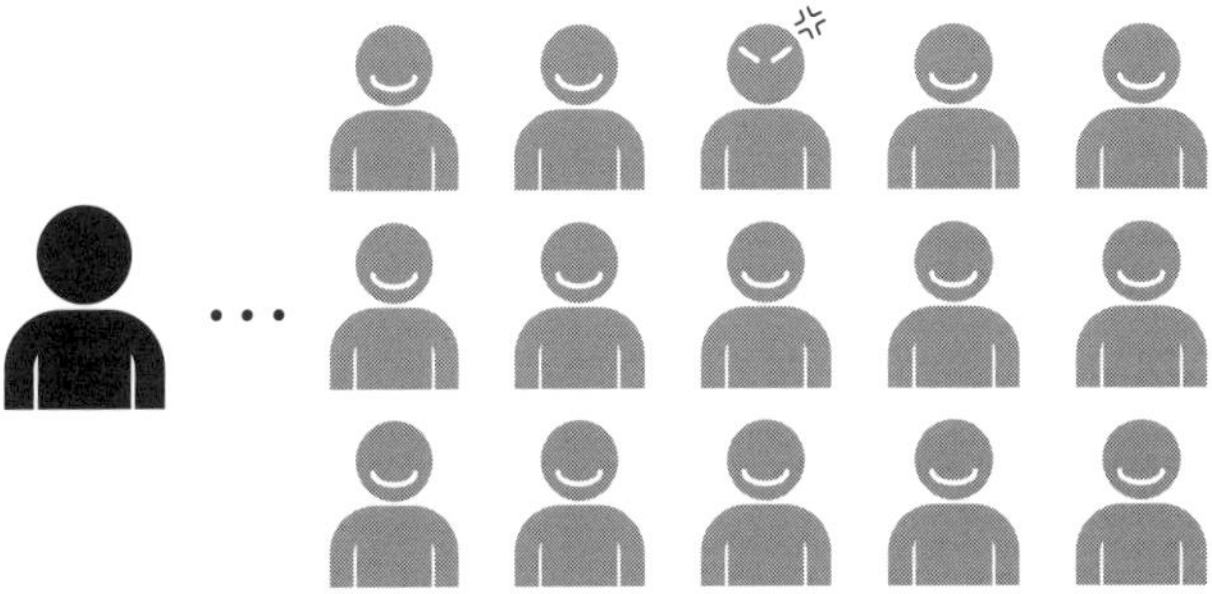

全員とうまくいくことはあり得ない。
一人のお客様のために、全てのやり方を変えていくのは
ナンセンス。

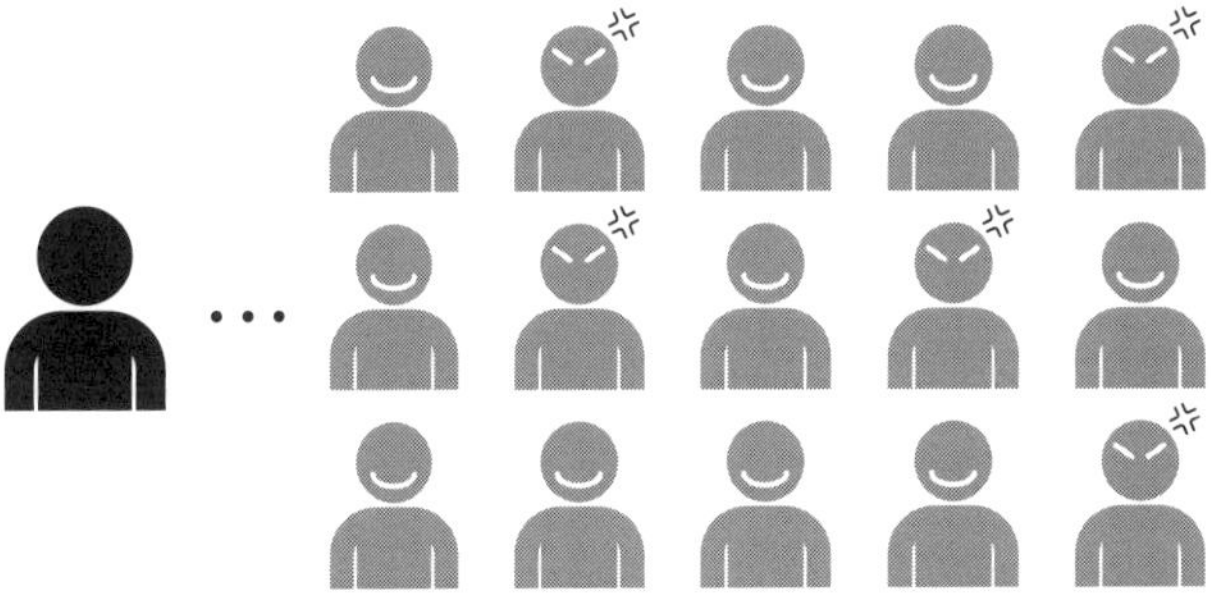

やり方を変えるともっと多くのお客様から嫌われることも。

Tips
74
割引やセールをしない覚悟

セールの時期になると「SALE」というPOPはもちろんのこと、中には「80%OFF」などという驚くべき数字も多く見かけます。

セールをするというのは、もはやあたりまえの慣習となっていますが、あらためて考えてみると、**セールというのは「売る側の都合」でしかない**ことがわかります。

例えば「在庫処分」という言葉も、よく考えてみれば、お客様には見せてはいけない言葉です。「在庫」がどのくらいあるかなんて、お客様には関係のないことですし、「処分」だなんて、ひどすぎます。

処分するようなものに、値札をつけて売ろうというのですから、こんな失礼極まりないこともないわけです。

ですから「80%OFF」というのだって、「じゃあ、定価ってなんなの?」と、疑問にお思いになるお客様がいらっしゃって当然のことです。

昨今、セールをしたって売れない、どんなにオフ率を下げても売れない、というのは、この疑問にお気づきになられたお客様が増えてきたことを表しているのです。

しかし、そこでさらに勘違いをして、「うちのお客様は、安いものしか買わない」と、セールの期間を長くしたりするお店も増えてしまっています。

そして、もっと勘違いが進んでしまうと、安いものをもっと安く品揃えしようと考えます。海外の工場で安く生産したものを仕入れ続ければ、仕事のない日本の工場はつぶれてしまいます。すると、日本のお金はどんどん海外に流れて、不景気と言われるような状況をつくり出してしまうのです。そして、めぐりめぐって、自分のお店にお金を落としてくださるお客様が減るのです。

「売れない」という状況をつくり出しているのは自分たちだ、という「自作自演」であることに気がつかなければなりません。

そんな中で、セールをしない会社さんがあります。

セールをしない代わりに、日ごろから、できるだけ買いやすい価格で提供しています。

いつ行っても同じ価格ですから、いつ行っても安心して買うことができるのです。

その安心感は、信頼につながります。すると必然的にお得意様が増え、売上も安定し、セールをする必要など一層なくなっていくのです。


しかし今、膨大な在庫を抱えている会社さんには、こんなことは単なるきれいごとにしか聞こえないかもしれません。ですが、事実です。


安い商品が悪い、ということではもちろんありません。

しかし**「安さ」というメリットは、他社や他店でも打ち出すことができる価値**です。

他では感じられない価値を提供するから、顧客がつき、商売が安定し、継続できるのです。

セールなどしなくても、支持してくださるお客様との関係を大切に守っていくにはどうすればいいか、それをもう一度考えるときがきているのです。

▶ 74 価格以外で他店と差別化する

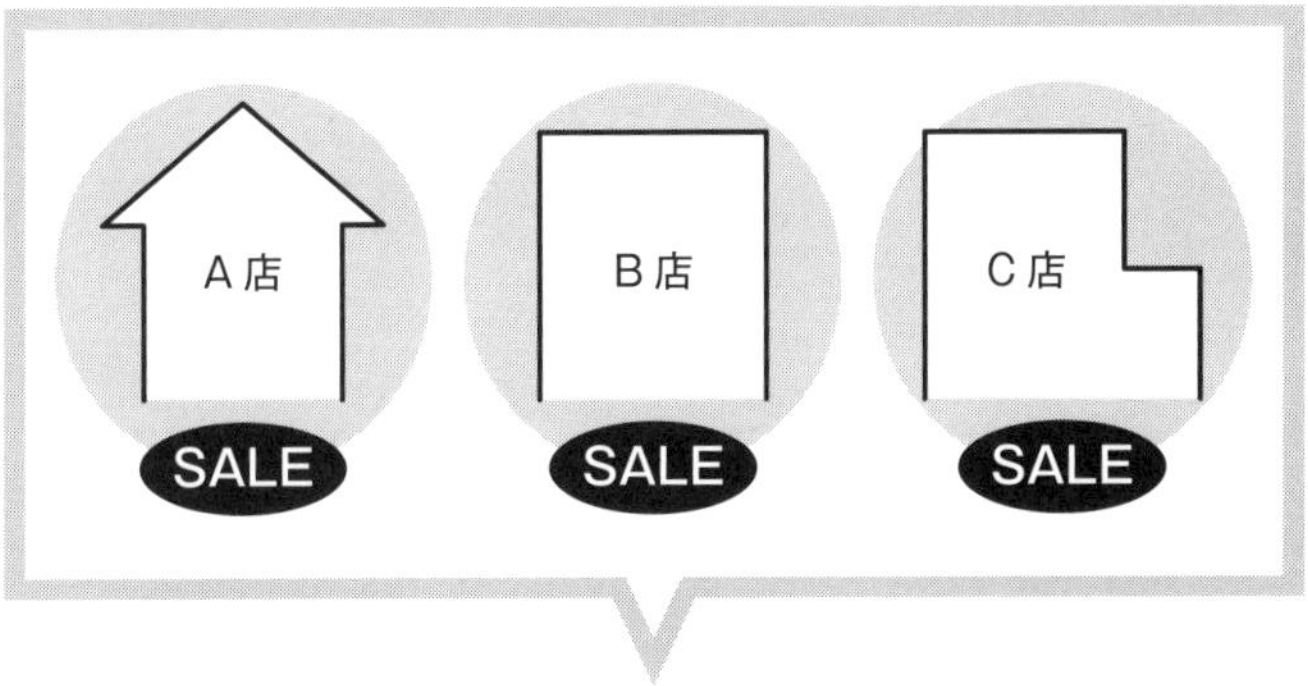

「安い」だけでは差別化できない。

⬇

価格ではない差別化をまず図るべき。
スタッフの努力で、差別化はできる。

- ➡ お客様への対応が秀逸
- ➡ 販売スタッフが明るく、動きがキビキビしている
- ➡ 欲しいものがそろっている
- ➡ 店内が見やすい

Tips
75
一貫性のある均一な接客を捨てる

接客の指導をしていて、さまざまな会社さんを見ていますが「均一なサービス」を目標に掲げている会社さんも少なくありません。

しかし、この目標を誰が立てたか聞くと、ほぼ100%、販売経験のない、現場を見ていない、役員クラスかマネージメントクラスです。


しかし、その「均一なサービス」を目指すのにも、理由があります。

例えば、過去に「スタッフごとに言うことが違う」などというお客様の声があったりします。


確かに、スタッフごとに対応が違ってはならない部分もあります。

お取り寄せの商品の到着予定が、人によっては明日だと言い、違うスタッフに聞いたら5日後だと言う、などという場合には、お客様の信頼を失いかねません。そういった「業務的」「作業的」「日程的」な意味合いでは、もちろん「均一」であることは大切なことです。

しかし**「接客的」な部分では、むしろ均一であってはならない**のです。

なぜなら、個性をつぶしてしまうからです。

誰に接客を受けても同じであれば、その接客の内容は、全部ＰＯＰにして書いて貼りつけておけばいいのです。まるでロボットが言っているような内容なのであれば、実際にロボットを立たせておけばいいのです。

それならば、間違いはないでしょうし、均一な接客はできるでしょう。

でも、それではネットで買うのと変わりません。実店舗にきていただく価値が生まれないのです。

接客は「ライブ」と同じです。

じかにスタッフの意見を聞き納得のいく買い物ができる、安心して楽しんで買うことができる、だから接客を受ける価値があるのです。

そして、その内容は来店されるたびに変化し、新しい発見や感触があるから、楽しんでいただき続けることができるのです。

それなのに、おかしなくらい分厚いマニュアルがあったり、それをもとにした評価システムがあったりするのが、わりと一般的です。

するとと現場では、「ライブ」感のある接客とはかけ離れた、無味無臭の、それこそ均一な接客をするようになります。

さらには、**マニュアルがあることで自分で考えなくなりますから、「自分の思考」や「自分の言葉」を失っていきます。**そしてうまくいかなければ「自信」を失います。すると売れないときは、ますます売上が落ち込み、取り返しのつかないことになるのです。


お客様がわざわざ時間を使って、わたしたちの店にだけ繰り返し足を運ぶのには、それ相応の「理由」が必要です。

その「理由」とは、「温度」です。ライブでしか感じられない、生の、生きた、温度のある魅力です。他で聞けない言葉です。他で受けられない、オリジナリティの高い、個性のある接客です。そのためには「一貫性」など、個性を殺す毒でしかないのです。

個性を伸ばすためのマニュアルならあってもいいと思いますが、一貫性や均一であることを捨ててみることも、とても重要です。

▶ 75 臨機応変な対応をする

お客様が離れていく

自分らしさの対応がなく、みんな同じであればロボットと同じ

暖かみや親しみを感じられない。

お客様がリピーターになる

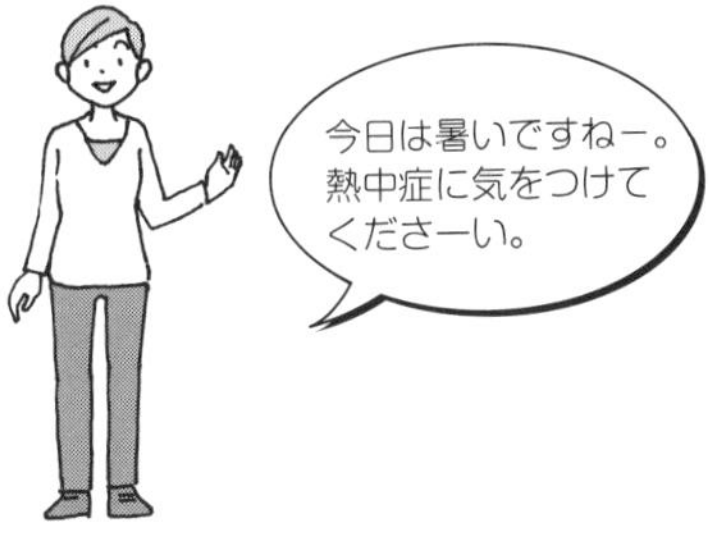

人間味や人と人とのつながりを感じられる。

Tips

76 会議をやめる、目標を捨てる

会社でもお店でも、組織にはたいてい定例会議がありますが、業績が下がっていく組織がやっている会議には、特徴があります。

題して、「何で売れないんだ会議」です。

このタイプの会議では「なぜ売れないのか」が問われ、組織が全員で「売れない理由探し」をすることになります。

恐ろしいことに毎週や毎月、この会議が繰り返し行われています。

売れない理由を探しても、何の解決にもなりません。

その上、それをネタにして上司が部下を叱責します。

最悪の場合「なぜ、ちゃんとやらないんだ！」といったように、子供のしつけにもならないような、単なる圧迫を繰り返します。そしてその圧迫は、そのまた部下にも同じように押しつけられることになり、末端にいる若い販売スタッフたちが病気になったり、退職したりする傾向があります。

こんな会議なら、やらないほうがマシなのです。

どうせやるのなら、「どうしたら売れるんだ会議」です。

「どうしたら売れるか」という質問に対して、全員で「売るための方法」を考え出し、知恵を集める会議になります。この会議は、やればやるほど効果的です。

実際に、このタイプの会議を行っている組織は雰囲気が良く、売上も好調に伸びていきます。

また、会議に出席していない現場の販売スタッフにも同じ思考が伝染します。

上司は部下に、店長はスタッフに「どうしたら売れると思う？」という質問を常に投げかけることになりますから、全員が「どうしたら売れるか」を常に自分の頭で考えるようになります。

すると日ごろの業務も、「やったほうが良さそうなこと」を自発的に探し、実行する風土となります。

一方、前者の組織だと、自発的に考えることを許されない風土になります。すると、誰も自分で考えず、「言われたことをやる」「言われたことしかやらない」「言われてからやる」ことになり、ますます人それぞれのパワーが発揮されないことになるのです。

後者の組織には、もはや「目標」すら、いりません。

経理上の「予算」というのは、もちろんあって構いませんが、毎日の売上目標も自分たちで考えることができます。

そもそも予算があるから、「これだけ売れればまあいいだろう」という思考停止を招くのです。

「いくら売れればいい」という思考ではなく、「いくらまで売れるだろうか」という思考にもっていくことが重要なのです。

▶ 76 プラス思考で考える

「なぜ〜なんだ」 ➡ 「どうやったら〜」に変える

✕ なぜ、
この商品は売れないんだ。

○ どうやったら、
売れるだろう。

✕ なぜ、
お客様がこないんだ。

○ どうやったら、
来客してくれるだろう。

✕ なぜ、こんなに
商品が見にくいんだ。

○ どうやったら、
見やすくなるのだろう。

Tips

77 セミナーや本ではなく、接客を受けることで学ぶ

講演のあとの質疑応答などで、必ずと言っていいほど聞かれることがあります。

「接客の勉強をするのに一番いい方法はなんですか？」
「どんな本を読んだらいいですか？」
「どんなセミナーを受けたらいいですか？」

という質問です。

自分の講演のあとで言うのも何なのですが、一番勉強になるのは、「自分が接客を受けること」だと、お答えしています。

わたしたちは、知っている言葉しか使えないように、**受けたことがある接客しか、することができません。**なぜなら「知らないから」です。

お得意様を増やしたいなら、異業種でも同業でも、自分がどこかのお店の顧客になることです。そして、世の中には、どんな手厚いサービスがあるのかを、まずは知ることです。そしてそこで感じた心地良さを、自分の店や商品に置き換えると、どうなるかを考え、実践しましょう。

もちろん、自分の頭で「どうしたらお客様に喜んでいただけるか」を考え抜き、それを実践することも徹底的に行います。しかし、自分の頭で考え出すことができる質や量には残念ながら限界があります。

今よりも、もっといい接客
今よりも、もっといいサービス
今よりも、もっといい店づくり

を追求したいならば、「今よりも、もっと」視野を広げる必要があるのです。

何よりも、自分の心と体を使って、体験から学ぶことが、一番間違いのない学び方です。

どんな講師の優れた接客をした話を聞こうが、言ってしまえば、それは「上質な他人事」です。それをそのままコピーしたとしても、それは「劣化コピー」であり「二番煎じ」です。

どんな本もセミナーも、優れた「参考書」にすぎないのです。

ですから、自分の体で体感した接客を「変換」して、自分の店や商品や接客に落とし込みましょう。そして、それをまずは実践してみる。その結果を見て、さらにアレンジして、また実践する。その繰り返しこそが、オリジナルの接客を生むのです。

他で受けられない接客をするから、お客様が、支持してくださるのです。だから、リピーターやお得意様が増えるのです。

理論を頭で学ぶより、体を使った学びが大切です。

▶ 77 他店のやり方を変換して、自分にいかす

接客を受けたら、必ずその体験を振り返る

おわりに

ここまで読んでくださって、どうも、ありがとう。

本書の中には、あなたのお店に直接落としこめるアイデアと、「変換」が必要なアイデアの両方があったかと思います。まずは、どちらからでも「これやってみたい！」と思っていただけたものから、ぜひ実践してみてください。

その中には、意外とすんなりと望ましい結果が出ることも、思ったように結果が出ないこともあると思います。うまくいったときは、なぜうまくいったのかを考え、うまくいかなかったときは、なぜうまくいかなかったのか、どうしたらいい結果が出るのかを考えましょう。

そうやって、考えたり、結果を見て感じたり、そしてまた考えたり……。それこそが、仕事の面白さ、だと思うのです。

呼吸するように、あたりまえに毎日毎日売れていったら、毎日毎日うまくいっていたら……うまくいっているかどうかすら、わからなくなる。うまくいくときばっかりじゃ、うまくいったかどうかもわからない。実感のない毎日なんて、生きた心地がしない。

もし今、あなたのお店が売上に悩んでいるのなら喜んで欲しいのです。その状況を面白がって欲しいのです。

売れないという状況をなんとかするために、いろんなことを考えて、生きていく。すると人間的に成長し、お店やあなたを大切にしてくださるお客様が増えてくる。すると、売上が上がってくる。よく言う「自分が変わると、相手が変わる」というものです。

間違うこともあるし、うまくいかないこともある。だから人間って面白いんだと思うし、魅力的なんだと思うのです。

この本を通して、あなたと一緒に成長していけたら、私はうれしいです。

また、ＳＮＳでも、リアルでも、どこかでお会いしましょう。本当にありがとう。

内藤　加奈子

Vert office

【業務内容】

・接客セミナー
・店長セミナー
・新入社員研修
・VMD セミナー
・実店舗改善 VMD コンサルティング

電話やスカイプでのコンサルティング、指導も行っています。

【無料メルマガ、配信中】

「売上 240 パーセントUP。内藤加奈子の VMD＋接客講座」

くわしくは、ウェブサイトにて。

ヴェールオフィス
http://www.vert-vmd.com/

フェイスブックページ

内藤加奈子のお店の売上を上げるレシピ
https://m.facebook.com/kanako.naito.vmd

内藤加奈子個人のフェイスブック（毎日更新）
http://www.facebook.com/kanako.naito.391

■著者略歴
内藤　加奈子（ないとう・かなこ）

1975年東京生まれ。左投げ左打ち。一児の母。

20歳のときオンワード樫山グループに入社。都内百貨店の紳士フロアにてNo.1の売上を叩き出す。その後、同社にて3ブランド120店舗を統括するVMDマネージャーとなる。

2002年、27歳のときにヴェールオフィスを設立。VMDのコンサルティング業と接客指導を開始する。商店街の小型店舗から有名ブランドの規範店まで、これまでに2800店舗（食品、寝具、化粧品、紳士服、婦人服、子供服、自転車、仏壇仏具、スポーツ用品、建材、インテリア、着物、生花、下着、和洋食器、おみやげ品、ペット用品、ほか）を、最高で240パーセント（昨年対比）まで導く。

2014年にテレビ番組に取り上げられ、更に注目を集め、全国を飛び回る。

著書に、『「売れる販売員」と「ダメ販売員」の習慣』（明日香出版社）、『売れるスタッフになる！』（フォレスト出版）、『人が集まる！売れる！売り場づくり40の法則』（大和書房）などがある。

■フェイスブックページ「内藤加奈子のお店の売上を上げるレシピ」
https://www.facebook.com/kanako.naito.vmd

■オフィシャルサイト
http://www.vert-vmd.com

本書の内容に関するお問い合わせ
明日香出版社　編集部
☎(03) 5395-7651

リピーター・客単価《きゃくたんか》UP　絶対《ぜったい》に売上《うりあげ》を伸《の》ばす人《ひと》の販売《はんばい》のワザ

2015年　3月　23日　初版発行

著　者　内《ない》藤《とう》加《か》奈《な》子《こ》
発行者　石野栄一

明日香出版社
〒112-0005 東京都文京区水道2-11-5
電話 (03) 5395-7650（代表）
(03) 5395-7654（FAX）
郵便振替 00150-6-183481
http://www.asuka-g.co.jp

■スタッフ■　編集　早川朋子／久松圭祐／藤田知子／古川創一／余田志保／大久保遥
営業　小林勝／奥本達哉／浜田充弘／渡辺久夫／平戸基之／野口優／横尾一樹／田中裕也／関山美保子／板垣徹　総務経理　藤本さやか

印刷　株式会社文昇堂
製本　根本製本株式会社
ISBN 978-4-7569-1757-7 C2034

編集担当　久松圭祐

「売れる販売員」と「ダメ販売員」の習慣

内藤　加奈子 著

ISBN978-4-7569-1590-0
B6並製　236頁
本体価格1400円＋税

仕事を一生懸命しているが、なんとなくうまくいかない人がいる。でもうまくいかない原因がよくわからない。そこで、「できる販売員」の仕事の取り組み方、考え方、やり方と「できない販売員」のそれらを比較することで、自分に何が足りないのかが理解できる。
全 50 項目 4 ページ展開。